마케터가 알아야 할
21가지 이야기

마케터가 알아야 할 21가지 이야기

초판 1쇄 인쇄 2013년 2월 28일
초판 2쇄 발행 2015년 3월 1일

지은이 장중호
펴낸이 김혜라
디자인 조성자 김빛나래
펴낸곳 상상미디어
주　소 서울 마포구 용강동 50-1 용현빌딩 408호
등　록 제 312-1998-065
전　화 02.313.6571~2 | 02.6212.5134
팩　스 02.313.6570
홈페이지 www.상상미디어.com

ISBN 978-89-88738-68-9
값 12,800원

상상미디어는 항상 좋은 책을 만듭니다.

마케터가 알아야 할 21가지 이야기

장중호 지음

상상미디어

Contents

Prologue **경영 이야기**
010 고객 중심의 시대 마케터의 눈으로 경영하라

First Step
Basic Course
마케팅의 기본

고객 이야기
024 이기는 마케팅, 출발점은 고객

상품 이야기
039 히트 상품의 비밀, 고객이 원해야 팔린다

가격 이야기
051 지갑이 아닌 마음을 열어라

마켓리서치 이야기
065 카트에 들어있는 숨어있는 답을 찾아라

서비스 이야기
078 소비는 오감의 경험이다

Second Step
Creative Course
대박의 비밀

CRM 이야기
092 고객, 아는 것과 이해하는 것의 차이

브랜드 이야기
103 Take out Cup의 마법

디자인 이야기
115 제2의 스티브 잡스가 필요하다

크리에이티브 이야기
128 달의 뒷면을 보라

Third Step
Communicate Course
공감의 방법론

프로모션 이야기
142 바람이 멈추면 풍차는 돌지 않는다

채널 이야기
153 소통하면 '통' 한다

광고 이야기
164 한 편의 마케팅 매직쇼

제휴마케팅 이야기
178 고객을 위한 종합선물세트

문화마케팅 이야기
187 문화+경영은 남다른 브랜드 품격

Fourth Step
Leadership Course
리더의 조건

프로모션 이야기
202 1등만 알아주는 세상

비즈니스 혁신 이야기
213 새로운 길을 가장 먼저, 두려움 없이 가는 사람

성과관리 이야기
226 전략도 만들고 성과도 만들고 '손익'+'전략' 달성으로 그 성과를 측정하라

경영관리 이야기
238 미래를 위해 불확실성을 통제하는 사람

ROI 이야기
247 마케팅, 돈을 썼으면 티가 나야 한다

Epilogue
성공 이야기
260 마케팅의 달인은 하루아침에 탄생되지 않는다

책을 내며

"모든 것은 변하고 그것도 빛의 속도로 변한다." 몇 해전부터 대한민국 1등 할인점인 이마트에서 마케팅과 관련된 업무를 수행하면서 항상 머릿속에 드는 생각이다. 대학교 때 좋아하던 노래 중에 하나가 봄여름가을겨울의 "사람들은 변하나봐"라는 노래였는데, 노랫말대로 사람들은, 즉 고객들은 여러가지 이유로 변하기 마련이다. 이러한 고객들의 변화를 알아내고 그 마음을 훔치는 직업이 마케터이다. 마케터야말로 세상의 수 많은 직업 중에서 가장 매력있고 도전해 볼만한 흥미로운 직업이라고 생각한다.

사람들이 공학박사라고 적힌 나의 명함을 받아보면 대부분 다 의아해한다. 브랜드나 마케팅을 담당한다고 하면 경영학이나 최소한 문과를 전공했으리라 생각을 하기 때문이다. 하지만 나는 컴퓨터공학으로 박사를 받았고 그것도 복잡한 신경망회로의 알고리즘을 반도체로 구현하기 위한 프로그램 설계를 주로 연구하였다. 이 말은 나는 전문적인 경영학이나 마케팅 관련된 학문적인 교육을 받아 본 적은 없다는 이야기다. 물론 컨설팅회사를 약 10년간 다니면서 많은 기업들의 비즈니스전략이나 마케팅전략 프로젝트를 수행하였지만 현업관점에서 매일매일 일어나는 마케팅 업무를 수행해보는 것은 이마트가 처음이다. 전략과 실행은 다르다. 더더욱 컨설팅과 현업의 상황은 정말로 다르다. 나는 정말로 마케팅을 잘하고 싶고, 시작한 이상 대한민국에서 제일 성공한 마케터가 되고 싶다. 그리고 우리 이마트에도 큰 도움이 되고 싶다. 지금은 한두 가지의 기발한 마케팅 기법이나 이벤트로 기업의 브랜드나 영업을 지속적으로 끌어올릴 수는 없다.

다양한 마케팅의 요소들과 이슈들이 서로 섞이고 시너지가 나며 고객들에게 종합적인 좋은 이미지로써 보여질 때 고객은 마음을 열어줄 것이고 지갑을 열 것이다. 이 책에 소개되는 21가지 이야기는 어쩌면 마케팅의 문외한이었던 공학도가 많은 시행착오와 경험을 통해 몸으로 터득하고 느낀 이야기를 친구나 후배들에게 해주고 싶었던 마음으로 쓴 글이다.

이 책이 나오기까지 고마운 분들이 참으로 많다. 누구보다도 나의 명함에 마케팅이라는 정말로 익사이팅한 직업을 담을 수 있게 귀한 기회를 허락하신 정용진 부회장님을 비롯한 모든 우리 이마트 가족들에게 가장 먼저 감사를 드린다. 그리고 항상 바빠서 늘 시간을 같이 하지 못했던 사랑하는 와이프 사라와 아들 예위, 그리고 빅터. 자주 찾아뵙지 못한 아버지와 장인어른과 가족들에게 고맙고, 책을 내는데 선뜻 동참해준 용감한 상상미디어 김혜라 대표님께도 고마운 마음을 전한다. 마지막으로 인터넷상의 수많은 훌륭한 마케터들의 블로그에는 참으로 좋은 지식과 사례가 많다. 이 책의 일부 사례를 내용에 인용하기도 했고 나의 머리를 정리하는데 큰 도움이 되었다. 이러한 훌륭한 마케터들의 창의적 열정과 부지런함으로 우리나라 기업들의 마케팅 역량이 자란다고 생각한다. 참으로 고마운 일이고 분들이다. 언젠가 그분들과 같이 만나 소주 마시며 마케터가 알아야 할 21가지 이야기를 넘어선 22번째 이야기를 나눠보고 싶다.

2013년 3월

장중호

21 STORIES WHICH MARKETERS SHOULD KNOW

Prologue

경영 이야기
고객 중심의 시대, 마케터의 눈으로 경영하라

마케터가 알아야 할 경영 이야기

고객 중심의 시대,
마케터의 눈으로 경영하라

이베이의 전 CEO 맥 휘트먼과 영국 테스코를 14년간 이끌었던 전 CEO 테리 리히는 모두 마케터 출신이다. 전통적으로 재무나 영업 출신들이 포진해 있던 CEO 포지션에 마케터 출신의 CEO들이 늘고 있다. 그 어느 때보다 시장과 고객에 대한 분석과 이해가 절실하기 때문이다. 기업 내에서 마케터의 역할과 비중은 해가 갈수록 그리고 어려워질수록 점점 더 커지고 있다.

소비자의 결핍만 해결하던 시절

기업경영의 화두는 시대에 따라 달라져 왔다. 포드가 처음 자동차를 만들었던 시대에는 단 한가지 디자인에 색상도 하나뿐이었다. 다른 자동차에 대한 선택의 여지가 없었기 때문에 소비자에게 자동차란 오직 포드뿐이었다. 경제공황을 거치고 미국이 먹고 살만해지면서 자동차는 더 커지고 화려해졌으며 다양한 브랜드들이 등장했다. 2차대전 이후 해방감과 자유로움을 표현하기엔 단조로운 검은색 자동차는 한계가 있었다.

우리나라도 마찬가지였다. 광복 이후 먹고 살기 바쁠 때는 이것저것 따질 게 없었다. 얼마 전부터 복고 열풍을 일으키고 있는 세시봉 출신의 가수들도 처음엔 군복을 염색한 듯한 점퍼에 청바지를 입고 통키타 하나 들고 TV에 등장하곤 했다. 입을 게 없었던 시대였기 때문이다. 그 후 경제발전과 더불어 80~90년대까지 우리는 초고속 성장을 했다. 우리나라뿐만 아니라 전 세계적으로 제조업을 기반으로 한 생산과 소비가 이루어지면서 공급자가 우위

를 가지는, 그야말로 기업에게 있어 황금의 시대가 펼쳐졌다. 제품을 만들어 무조건 밀어내어(Push) 팔기만 하면 되던 시기였다. 우리나라는 10%대의 성장률을 유지했으며 지속적인 성장을 통해 일자리를 늘려갔다. 사람이든 기업이든 투자만하면 이익이 기대되던 그런 때였던 것이다.

'생산'과 '영업' 부서가 기업의 주인공이던 시절

불과 얼마 전까지만 해도 우리나라 기업에 있어 가장 중요한 부서는 생산과 영업부서였다. 기업의 핵심이었다. 해외에서 한발이라도 먼저 도입된 기술과 기존의 탄탄한 생산과 영업 능력으로 시장 점유율을 늘리고 매출 규모를 증대시키면 그것을 기반으로 금융기관으로부터 자금을 조달하고 더 큰 투자를 할 수가 있었기 때문이다.

매출의 시대에서 수익의 시대로 전환시킨 IMF 금융위기

하지만 1997년, 커진 덩치를 담보로 해서 받은 금융투자로 성장을 한 기업들의 성장 거품이 일시에 꺼지면서 IMF 금융위기를 맞이하게 되었다. 이 시기 한국 기업은 자구책으로 구조조정과 사업효율관리 체제로 변할 수밖에 없었다. 그동안의 매출 위주의 사업 전개에서 수익위주의 사업 전개로 일정수익을 올리지 못하는 사업영역은 과감하게 제거했다. 비상 경영 전략의 시대로 단기적인 경영 시스템 하에 장기적인 R&D나 사업개발은 입에도 올리지 못했다. 새로운 신규 사업보다는 기존 사업의 효율을 어떻게 끌어 올릴 것인가가 핵심이었다.

재무부서와 경영관리 부서를 주인공 만든 비상 경영의 구조 조정본부 시대

관리최적화를 위한 다양한 컨설팅 프로젝트가 주류를 이루고, 기업 내 경영효율을 한눈에 파악하기 위한 ERP시스템이나 EIS시스템 등에 대한 투자가 이루어졌다. 이때는 단연코 기업 내에서는 재무부서나 경영관리 부서가 핵심부서로 힘을 발휘하였고, 대부분의 재벌그룹 등은 회장 비서실 등을 구조조정본부로 바꾸면서 이들은 무소불위의 위치를 차지했다.

과잉경쟁의 시대, 차별화를 고민하다

다행스럽게도 우리나라 기업들의 힘과 저력, 그리고 세계 호경기의 영향으로 IMF 체제는 생각보다 빨리 정리되었고, 우리나라 기업들은 어려운 시절을 겪으면서 단단해진 체력을 발판으로 세계적 기업들과 경쟁하며 굳건히 자리매김하기 시작했다. 1등 기업으로 올라선 기업들도 많아졌다. 특히 우리나라의 간판기업이라고 할 수 있는 삼성전자, LG전자, 현대/기아 자동차, 대우조선, 포스코 등은 그 대표적 기업으로 미국의 유명 MBA school의 교재에도 오르내릴 만큼 성공적이었다.

하지만 이러한 좋은 상황을 만끽하기엔 또 다른 근본적인 어려움이 닥쳐왔다. 2000년 들어서 세계의 호경기로 인한 과잉성장이 그 한계를 드러내기 시작했다. 비슷한 상품과 서비스, 비슷한 시장에서의 과잉 경쟁은 세계의 주요 기업들에게는 더 이상 성장을 보장해 주지 못했다. 오늘 믿었던 첨단 기술이 내일이면 인터넷에서 누구나 찾아 볼 수 있는 평범한 기술이 되어버렸다. 중국, 인도, 동유럽, 동남아 등으로 흩어진 글로벌 기업의 생산 시스템은 기업들의 가격 경쟁을 통한 승리 가능성을 사전에 봉쇄했다. 이런 평준화된 기술력과 누구나 흉내낼 수 있는 비즈니스 모델은 기업들을 과잉 경쟁으로 몰아넣었고 이는 모든 기업의 수익성악화로 이어졌다. 이런 변화는 기업들이 호경기 때 쌓아놓은 유보자금을 이제는 어디에 어떻게 투자를 해야 미래의 성장을 이끌 수 있는지 확신할 수 없게 만들었다.

블루오션을 위한 창조경영의 필요성

이러한 상황을 가장 적절하게 설명한 책이 한때 이슈를 일으켰던 〈블루오션 전략〉이 아닐까 싶다. 이 책에서 많은 기업들은 레드오션의 늪에 빠져 헤어나오지 못하고 계속해서 수익성은 악화될 것이며 결국 파국으로 갈 수도 있다고 경고하였다. 결국은 모든 기업들은 창의적이고 혁신적인 마인드로 새로운 시장을 만들 수 있는 〈블루오션 전략〉을 추구해야 한다고 주장했다. 즉, 기존 시장 안에서의 경쟁을 통한 성장의 한계를 벗어나 새로운 혁신을 통한 새로운 상품/서비스/시장을 창조하는 창조경영[1]의 필

1 2006년 삼성의 이건희 회장은 처음으로 창조경영을 새로운 경영화두로 제시하였다. "삼성이 이제는 누구를 모방할 시기는 지난 만큼 시장을 선도할 창조적인 경영이 필요할 때이다"라고 밝힌 것이다. 그 사이 잠시 경영일선에서 물러나있던 이 회장은 2012년 라스베가스 CES 2012 가전박람회를 참관한 자리에서 다시 창조경영의 본격적인 재시동을 선언하였다.

요성이 대두된 것이다.

이젠 비즈니스 혁신을 통한 새로운 성장의 모멘텀을 찾을 때가 되었다. 이러한 혁신의 출발, 비즈니스 혁신과 새로운 창조경영의 핵심에는 고객에 대한 이해가 우선이다. 시장이 공급자 중심의 시장에서 수요자 중심의 시장으로 변하고, 기업이 레드오션의 출혈 경쟁에서 빠져나와 창의적인 블루오션을 발견하기 위해선 이전과는 달리 소비자의 생각과 관심과 눈길에 대한 이해가 요구 되어진 것이다

마케팅에 쏠리기 시작한 관심

결국 이런 상황 변화는 기업 내에서 마케팅이라는, 그동안은 약간은 생소하고 존재감이 없던 조직과 부서의 역할을 재조명하게 했다. 새로운 비즈니스 혁신, 창조경영, 차별화된 상품과 서비스, 시장을 통한 블루오션의 발견, 그리고 가장 중요한 고객에 대한 이해와 분석은 사실 재무나 관리, 영업이나 생산부서에서 리드 하기에는 어려운 분야이기 때문이다.

최근 많은 기업들에서 마케팅 부서의 위상이 높아지고 있다. 글로벌 외국계 소비재 회사들은 일찌감치 이러한 마케팅 부서의 역할이 중요했지만 대다수 국내기업은 설령 유명 소비재 대기업이라 하더라도 마케팅은 상품개발이나 영업을 지원하는 지원부서의 역할, 판촉이나 프로모션 혹은 광고나 홍보를 진행하는 부서에 불과했다. 회사 내에서 생산, 관리, R&D, 영업 등은 꼭 필요한 절대로 없어서는 안 되는 부서지만 마케팅은 없어도 그만이고 있으면 편리한 지원부서 정도로 인식되었던 것이다.

그래서 IMF와 같은 경기 침체나 경영난이 오면 가장 먼저 축소하는 조

직이 마케팅 부서였고 이들 인력을 바로 공장이나 영업 일선으로 보내 당장 돈을 벌어오는데 투입했다. 소비재 제조업이건 유통업이건 브랜드라는 관점에서 접근해 상품을 개발하기 보다는 상품이 나오면 적당한 브랜드를 찾는 접근법을 해 왔기에 마케터들이 지속적인 업무를 끌어갈 수 없었다. 하지만 시대적 변화에 따라 마케팅 부서와 마케터의 위상이 변한 것이다.

첨단 기술이 아닌 고객이 원하는 기술을 찾아라

국내 최고의 기업인 삼성전자는 2000년대 초반, 당시 CEO의 전폭적인 지원하에 Market Driven Change(MDC)라는 엄청난 프로젝트를 진행하게 된다. MDC 프로젝트를 하게 된 계기는 바로 제조, 테크놀로지 중심의 회사를 고객과 마켓 중심의 회사로 변화시키려는 의지에서 시작됐다.

당시 삼성전자는 제조, 개발 등의 엔지니어링 분야의 주도로 모든 프로세스가 운영되면서 엔지니어 관점에서 개발된 다양한 핸드폰이나 가전 기기 등의 많은 상품들을 시장에 쏟아냈다. 하지만 엔지니어 관점에서 만들어진 다양한 기능과 첨단 기술이 접목된 상품을 시장, 즉 고객이 원하지 않는 경우가 많았다. 그로 인해 많은 제품들이 상품 출시와 더불어 빛도 보지 못하고 사장되었고 엄청난 금액의 개발비만 낭비하는 경우가 허다했다. 고객이 진정 원하는 기능이나 구성을 만족시켜주는 제품이 제때 나오지 못해 시장의 기회를 놓치는 일도 발생했다. 왜냐하면 집중된 연구개발로 인해 너무 많은 상품을 개발, 출시하다보니 오히려 마켓 중심의 포커스를 잃어버려 고객의 마음을 움직일 상품을 제때 만들어 내지 못했던 것이다.

또한 글로벌 기업 삼성전자의 해외시장 규모는 국내 시장과는 비교도 안될 정도로 큰 편인데 전 세계의 다양한 국가의 문화와 취향을 이해해서 그 시장에 맞는 제품을 개발하고 생산하는 데는 국내 개발자들의 역량만으로는 부족했다. 그래서 현지 파견된 직원들의 의견을 수렴했지만 그것만으로는 한계가 있었다. 그동안의 해외법인들은 주로 판매와 영업에 초점을 맞춘 조직들이어서 이러한 시장 동향과 고객의 소리 및 요구를 명확히 분석하고 이해하여 국내의 연구소나 개발 부서에 제공해주는 역량과 기능이 떨어졌던 것이다.

이러한 현상은 제대로 된 마케팅 부서의 부재와 역할 부족에서 비롯되었다. 그동안 삼성전자에서 마케팅이라는 조직은 존재감도 미미하거니와 회사 내의 시장조사-수요예측-상품개발-출시 등의 프로세스에서 마케팅의 역할이 불명확하여 전체적인 조율 없이 개발부서와 영업부서의 논리대로만 운영되었던 것이다.

이런 프로세스에 가장 중요한 논리인 마켓과 고객에 대한 정보와 이해가 빈약한 건 당연한 일이었다. 그래서 마켓을 중심으로 회사를 재편한다는 의미의 Market Driven Change라는 화두아래 마케팅 부서를 대폭 강화하고 세계 각지의 마케팅 인재들을 적극적으로 영입하고, 시장조사, 수요예측, 상품개발, 출시를 위한 마케팅 전문가 등 각 분야의 마케팅 기능에 맞는 조직을 갖춰나가기 시작했다. 마케팅 부서의 Input이 없이는 상품의 개발이나 출시 등이 이루어지지 않도록 프로세스를 개편함으로써 마케팅 관점의 프로세스를 강화했다. 물론 수십 년 간 엔지니어링 중심으로 돌아가던 회사를 마켓이 주도하는 기업으로 바꾼다는 것은 참으로 쉽지 않은 작업이 분명했다. 많은 조직의 반발이 있었고, 초기에는 서로간의 커뮤니케이션 오류와 업무의 손실이 발생했다. 전폭적인 지원으로 선발되어 입사한 전 세계의 많은 마케팅 인재들이 실망하고 퇴사하기도 하고 다른 부서로 이동하기로 했다.

하지만 앞날을 내다본 CEO의 전폭적 지휘 아래 5년 이상을 끌고 간 결과, 지금은 어느 누구도 삼성전자를 과거의 테크놀로지와 엔지니어링 중심의 회사로 생각하지 않게 되었다. 전 세계 시장의 흐름을 잘 파악하고 고객의 니즈를 제대로 반영한 스마트 TV, 스마트 폰 등의 각종 전자제품은 현재 전 세계 시장을 석권하고 있다.

소비재 가전(Consumer Electronics)뿐 아니라 반도체, LCD/LED등 부품 소재에 있어서도 고객사의 요구를 가장 잘 반영하는 상품 출시와 정확한 시황에 따른 수요예측의 기법을 통해 일본, 대만 등의 어느 경쟁사보다도 가장 수익성 높은 비즈니스를 하고 있다. 물론 이런 성과는 탄탄한 삼성전자의 R&D와 엔지니어링의 기반이 있기에 가능했지만, 이런 기술을 시장에서 선도할 수 있는 최적의 상품으로 엮어내는 마케팅 역량의 강화가 없었다면 어려웠을 것이다.

최근엔 소프트웨어와 콘텐츠에 기반을 둔 애플의 아이폰, 아이패드과 격전을 치르고, 가장 혁신적인 기업인 애플과 맞장을 뜨고 있는 유일한 기업으로 삼성전자는 전세계 사람들의 존경을 받고 있다. 심지어 두 회사의 특허 소송전을 의도된 고도의 노이즈 마케팅으로 보는 언론 기사가 있을 정도다. 세계에서 스마트 폰을 만드는 기업은 두 개 밖에 없는 것처럼 세계 언론이 다루고 있는 것은 놀라운 일이다.

이처럼 삼성전자의 위상과 마케팅 능력은 세계에서 인정받고 있다. 이런 변화에 대응하지 못했던 유럽의 노키아, 소니, 에릭슨, 모토롤라의 경우 스마트폰 시장의 진입과 반응을 놓쳐 관련 사업이, 심지어 기업 자체가 침체되어 고전하고 있는 것을 보면 안타까우면서도 마케팅의 위력을 또 한 번 느끼게 된다.

이제는 마케터의 시대

앞으로는 마케터의 시대다. 지원부서, 들러리로서의 역할은 끝났다. 전통적으로 재무나 영업출신들이 포진하던 CEO 자리도 유능한 마케터들 차지다. 미국 맥도날드의 CMO였던 마리 앤 딜런(Mary N. Dillon)은 통신 회사인 US Cellular의 CEO로 영입되었고, 리복의 CEO 울리 베커(Uli Becker)도 마케터 출신이었다. 이베이의 CEO 맥 휘트먼(Meg Whitman)도 유명한 마케터 출신이고, 영국 테스코를 14년간 이끌었던 전 CEO, 테리 리히(Terry Leahy)도 마케팅을 담당했었다. 궁극적으로 마케터가 회사의 성장과 전략, 그리고 기업문화 등 전반적인 방향을 아우르는 시대가 왔다.

이는 마케터가 회사의 방향을 리드하는 것이 아니라 바로 고객과 마켓, 즉 시장이 기업의 방향을 리드한다는 의미이기도 하다. 단지 마케터는 회사 내에서 가장 많이 고객과 시장을 연구하고 분석하고 이해하고 있는 부서와 사람일 뿐이다. 새로운 블루오션을 찾아 회사의 지속적인 성장을 담보하고 지금 현재의 레드오션의 비즈니스 모델을 혁신할 수 있는 유일한 방법은 바로 고객과 시장의 소리에 초점을 맞추는 것이기 때문이다.

준비된 마케터가 기업을 이끈다

마케터들은 누구보다 트렌드에 민감하고 전체적인 회사의 방향을 파악하고 현재 성과와 전략의 차이를 분석할 줄 알아야 한다. 재무적인 수치에도 밝아서 매출과 수익의 양쪽 관점에 민감해야 하고, 시장조사나 고객의 니즈를 분석하여 표면적인 리서치 결과가 아닌 그 행간의 의미를 알 수 있는 혜안도 있어야 한다. 상품 개발에 필요한 웬만한 기술과 상품의 특성도 꿰뚫고 있어야 하고 만들어진 상품에 가장 어울리는 브랜드와 패키지의 시각적인 면에 있어 감각도 가지고 있어야 한다.

상품 출시에 따른 마케팅 및 프로모션에 있어 창의적이고 참신한 아이디어로 고객들의 주목도 끌어야 한다. 출시된 상품의 라이프 사이클에 따라 최적의 가격정책을 설정하고 경쟁사와의 가격 경쟁에서 우위를 차지할 수 있는 다양한 기법을 개발하고 그러면서도 수익을 극대화 할 수 있는 방법을 시뮬레이션을 통해 파악해 내야 한다.

한마디로 진정한 마케터란 기업 내의 모든 부서와 연결된 다양한 분야를 파악하고 리드하는 매우 감각적이고 합리적인 사고로 무장되어 있어야 하는 사람인 것이다. 최근 많은 기업들이 마케팅 부서에 가장 똑똑하고 머리가 깬 인재를 최우선으로 배치하고자 하는 것이 사실이다. 또한 P&G나 GE 등 글로벌 기업의 마케팅 부서의 경험 있는 마케터들의 몸값은 상종가를 치고 있으며 많은 헤드헌터들의 타겟이 되고 있다.

그렇다면...

환경이 변하면서 기업들의 경영전략과 화두가 변해 왔다. 그리고 지금, 21세가 시작되고 십여 년이 지난 지금, 그 변화의 방향은 명확하다. 기업의 화두는 고객과 마켓이다. 기업의 중심엔 마케팅 부서와 마케터가 있다.

이들의 역할을 더 커지고 있다. 이 변화의 시점에 준비된 마케터가 필요하다. 앞으로 언급할 20가지의 마케팅 이야기들이 그 준비의 출발점이 될 것이다.

" **Basic Course**
마케터라면 반드시 알아야 할 기본 과목 :
고객을 알고 상품을 이해하며, 최적의 가격정책과 서비스를 추구하며, 마켓리서치 결과의 숨겨진 행간을 읽는다면 반드시 어떤 상황에서도 이기는 마케팅이 될 것이다. "

21 STORIES WHICH MARKETERS SHOULD KNOW

First Step

Basic Course

마케팅의 기본

고객 이야기
이기는 마케팅, 출발점은 고객

상품 이야기
히트 상품의 비밀, 고객이 원해야 팔린다

가격 이야기
지갑이 아니라 마음을 열어라

마켓리서치 이야기
카트에 들어있는 숨어있는 답을 찾아라

서비스 이야기
소비는 오감의 경험이다

마케터가 알아야 할 고객 이야기

이기는 마케팅,
출발점은 고객

더 이상 블루오션을 찾기 힘들어진 무한경쟁시대에 단순히 고객 성향과 라이프스타일에 따라 고객을 나누고 분석하는 것으로는 시장에서 살아남기 힘들다. 상황에 따라 달라지는 고객의 요구까지 섬세하게 포착해 만족 시킬 수 있는 기업만이 경쟁에서 앞서갈 수 있을 것이다.

한번쯤 해 봤을법한 생활 속 질문

Q. 왜 우리 아버지들은 항상 가는 단골 양복점을 고집하셨을까?
Q. 백화점에서 과연 나는 어떤 종류의 고객으로 분류가 되어있을까?
Q. 작년까지 오지않던 마트의 DM이 올해에 갑자기 오기 시작한 이유는?

마케터의 출발은 고객에 대한 이해

고객에 대한 이해는 마케터가 갖춰야 할 기본 마음가짐이자 핵심이다. 마케터로서의 능력과 소양을 갖추기 위한 출발인 것이다. 고객을 모르면서 어떻게 상품을 개발하며, 프로모션이나 광고를 제작하고 매장을 꾸미고 영업을 하겠는가? 그렇기 때문에 많은 기업의 마케팅 부서에선 시장과 고객 리서치를 게을리 하지 않는다. 매장을 찾는 사람, 그들이 사는 물건, 그들의 구매 변화 등을 꾸준히, 끊임없이 관찰하고 연구한다. 하지만 그 조사의 결과가 기업 비즈니스 프로세스에 얼마나 반영되는지는 마케터들의 고민이다. 왜냐하면 기업들은 입으로는 고객 중심이라고 말하지만 고객을 단순히 '소비자' 즉, 기업이 만든 물건을 사주는 대상으로만 여기는 경향이 아직도 크기 때문이다.

소비자와 고객의 차이

마케팅에선 의미가 모호하거나 쉽게 그 차이가 와 닿지 않는 단어들이 몇 개 있다. 예를 들면 Needs와 Wants의 차이, 그리고 소비자(Consumer)와 고객(Customer)의 차이가 대표적이다. Needs는 결핍의 해결을 말하며 Wants는 결핍의 해결을 넘어서 그것이 구체화된 욕망을 말한다. 쉽게 예를 들어보자. 지나가는 20대 초반의 남자에게 사고 싶은 자동차를 물으면 고급 외제 스포츠카나 중형 세단을 말할 확률이 높을 것이다. 그러나 일반적인 그 나이대의 경제력을 감안하면 그의 첫 번째 자동차는 경차나 소형 세단이 될 확률이 높다. Needs는 현실과 닿아 있고, Wants는 꿈과 닿

아 있는 것이다.

소비자(Consumer)와 고객(Customer)의 차이는 Needs와 Wants의 차이만큼 분명하다. 소비자는 단순하게 말하면 생산자의 반대말이다. 산업혁명 이후로 생산자는 누가 쓰게 될지는 모르지만 사회가 필요로 할 것 같은 물건을 생산해냈다. 불특정 다수(Mass)가 사주길 원하면서 말이다. 바로 이들이 바로 소비자(Consumer)다. 그러나 이들 소비자의 구매는 당장 급한 결핍을 해결하기 위해 그나마 그 중 나은 거를 구매하는 말하자면 Needs에 가깝다고 볼 수 있다. 그 해결의 수준이 기초적일 수밖에 없다.

반면 고객(Customer)은 자신의 취향이나 성향이 잘 반영된 제품을 구매하는 사람, 그리고 그런 자신을 너무나 잘 알고, 이해하고, 심지어 사랑하는 것 같은, 그래서 자신의 입맛에, 취향에 딱 맞는 제품만 만들어내는 브랜드나 그런 제품만을 취급하는 매장만을 이용하는 '단골'을 의미한다.

기성복과 맞춤복의 차이

양복 구입을 예로 들어 소비자와 고객과의 분명한 차이를 설명하겠다. 지금은 많이 없어졌지만 십여 년 전만 해도 서울 명동 한복판에 수십 개의 의상실과 맞춤 양복점이 있었다. 하다못해 소도시의 읍내나 시내에도 맞춤 양복점, 양장점은 반드시 한두 곳씩은 자리하고 있었다. 그러나 지금은 대기업이 중심이 된 남성양복 브랜드가 백화점에 입점해 있고 대로변 어디에서도 매장을 찾을 수 있게 되었다. 가격도 천차만별이고 디자인과 색상도 다양하다. 그러나 사이즈는 정해져 있다. 상의 사이즈와 하의 사이즈는 일정한 범주 안에서 정해져 있는 것이다.

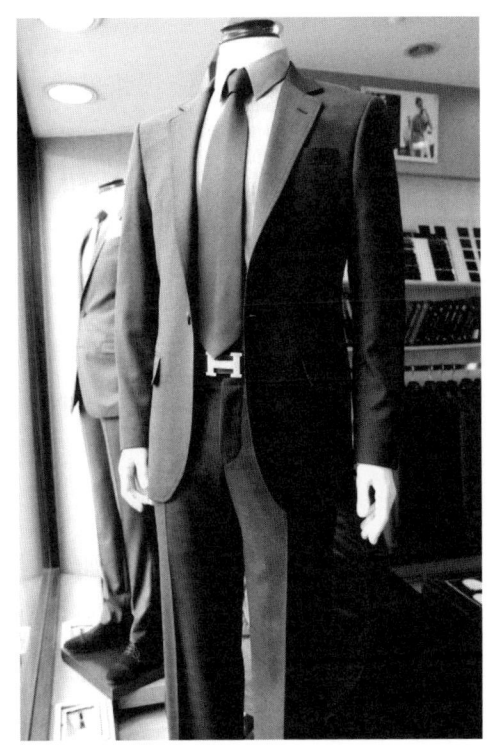

 그래서 그 범주에 맞지 않는 사람은 가장 근접한 사이즈를 고를 수밖에 없고, 색상이나 디자인도 진열된 것 중에서 가장 맘에 드는 것을 고르는 것이다. 최대한 다양하게 만들어놨지만 그건 어디까지나 기업이 예측해서 최대한 할 수 있을 만큼 경우의 수를 준비했을 뿐 모든 손님의 입맛에 딱 맞아떨어지지는 않는 것이다. 이게 생산자와 소비자의 관계다. 그러나 맞춤 양복점에서는 전혀 다른 상황이 전개된다. 일단 고객이 오면 치수부터 잰다. 반올림 없이 딱 그 사람의 치수다.
 양팔의 길이가 다르면 소매의 길이도 다르다. 그 사람의 신체적 결함과 장점, 특징 등을 모두 체크한다. 그 다음 천을 고른다. 매장에 맘에 드는

천이 없으면 작게 오려져 있는 천들이 스크랩 되어 있는 샘플 북을 내온다. 그러나 대부분의 손님은 매장 안에 있는 천을 고른다. 충분히 많기 때문이다. 전체적 디자인에서 부터 깃은 어떤 모양으로 할지, 뒤트임이 있는지 없는지, 있으면 두 개인지 하나인지, 상의에 주머니는 몇 개로 할 건지, 안주머니의 크기와 개수, 바지 주름 개수, 바지 밑단의 처리 방법, 단추의 종류와 색깔, 크기, 개수. 재단사(디자이너)는 손님하고 오랫동안 대화를 하며 손님이 원하는, 세상에 단 하나뿐인 그 사람만의 양복을 함께 완성해 간다. 어느 정도 만들어지면 손님을 불러 입혀보고 또 한 번 대화를 통해 수정할 건 수정하고 보완할 건 보완해서 완성을 한다. 바로 이것이 생산자와 고객과의 관계다.

고객의 모든 것은 의미가 있고, 그리고 고객은 기억한다

맞춤 구두점에서는 손님의 발가락 모양까지 기억한다. 맞춤 양복점에서는 손님의 서로 다른 어깨 높이까지 기억한다. 손님의 사소한 차이까지 기억해 그 손님이 자신을 완전히 이해하고 있다고 느낄 때 비로소 그 손님은 단골이 된다. 왜냐하면 내가 원하는 바를 알아주기 때문이다.

현실적인 마케팅에서는 어떻게 그렇게까지 신경을 쓸 수 있는지 의문을 가질 수도 있을 것이다. 하지만 마케팅 현장에선 지금 이 순간에도 고객의 매장 내 동선, 매장 내에서 머무는 포인트와 그 시간, 구매 동행자, 카드 및 구매 내역 등을 끊임없이 분석해 고객에게 최적화된 상품과 서비스를 만들기 위해 고민하고 있다. 그 섬세함과 기억의 깊이는 차이가 있을지 몰라도 그 정신만큼은 동일하다. 그리고 다양한 기술의 발달로 기억할 수 있는 고객 정보의 다양함과 그 수준은 더 깊어지고 있다. 최대한 한 사람, 한 사람 고객에게 최적화 된 상품을 만들려고 노력한다.

과거에는 다양한 계층의 고객 '群'의 Needs를 반영한 상품을 여러 종류 만들어 냈다. 그 중에서 일부 제품은 혁신적인 제품과 디자인으로 인기를 끌기도 한다. 하지만 이러한 기계적인 고객 군의 나눔과 이를 기반으로 한 제품 개발과 생산은 여전히 생산자 중심의 소비자 접근이다. 평균적인 소비자를 위한 가장 많이 팔릴만한 제품을 만들 수밖에 없는 것이다.

소비자만 있던 시절에는 나이별, 수입별로 나눠서 그 평균의 소비자 취향에 맞는 제품을 만들어 팔기만 하면 되었다. 그러나 지금처럼 제조업과 유통업이 포화 상태이고, 경쟁의 강도가 매일 세지고, 변화의 폭과 빠르기가 더해만 가는 요즘에는 이 방법은 더 이상 통하지 않는다. 이제는 고객의 변화에 민감해야 한다. 기업이 생존하려면, 마케터가 성공하려면 스스로 반복해서 자신에게 물어봐야 한다. "나는 과연 고객의 눈높이에 맞춰 일하고 있는가?"

기본부터 이해하자

고객을 이해하고 고객중심의 마케팅 프로세스를 구현하는데 가장 먼저 선행하는 것이 고객 세분화(Segmentation)다. 이것은 우리 기업, 매장, 제품, 브랜드의 고객들은 누구고, 어디에 속해 있고, 그 사람 구성의 내용과 특징이 어떠하며, 그러한 내용과 특징이 우리의 제품, 브랜드의 어떤 특성과 맞기에 구매를 했는지, 그것을 이해하는 작업이다. 여기서부터 마케팅 활동이 시작된다.

다른 스타일의 공통분모를 찾아라

　업체나 매장의 성격에 따라 다르지만 고객 세분화 작업을 할 때는 주로 라이프 스타일(Life Style)과 라이프 스테이지(Life Stage)에 따른 세분화가 기본이다. 라이프 스타일은 말 그대로 고객이 삶에서 추구하는 가치가 구매 과정에 어떻게 반영 됐는가를 보는 것이다. 유통업의 경우를 예를 들자면 삶의 모든 면에서 퀄리티를 중시하여 가격 비교보다는 높은 품질의 상품만 추구하는 Life Quality형, 상품자체보다는 매장에서의 경험이나 시간을 소중하게 생각하는 Experience형, 혹은 바쁜 일상으로 인해 Experience나 Quality보다는 편의성과 간편함을 추구하는 Convenience형 등이 있다.

　라이프 스타일 방법은 기본적으로 그 생활패턴이나 행동에 따라 고객들을 나눈다. 이러한 패턴과 행동, 고객의 생활, 소비 스타일을 파악하기 위해 설문을 하거나 구매하는 상품 및 장바구니 분석, 카드 지출 내역 분석 등을 하여 그 패턴과 유형을 나누고 이에 매칭 되는 고객끼리 범주화 하고 공통군으로 묶는 것이다.

커피 한 잔으로 알아본 당신의 유형

커피 한 잔을 소비하는 것으로도 고객의 형태를 나눌 수 있다. 당신이 만약 콜롬비아산 원두를 직접 구매해 로스팅하고 손수 갈아서 정성껏 내리는, 이탈리아에서 공부하고 온 바리스타의 커피만을 고집한다면-가격과 상관없이 말이다.-당신은 당연히 Life Qualify형이다. 아마 당신은 가벼운 등산을 위한 배낭을 고를 때도 내일 당장 히말라야로 떠나도 문제없을 고기능의 배낭을 고를 것이다.

반면 커피 전문점에 가서 다양한 메뉴를 고르고 커피를 마시면서 노트북으로 뭔가를 하거나 친구와 대화를 한다거나, 또는 커피 맛 보다는 커피 전문점의 인테리어나 분위기 등을 중요하게 생각하는 사람이라면 Experience형, 당신은 배낭 하나를 고를 때도 히말라야 원정대 분위기가 물씬 나는 인테리어와 소품들, 암벽들이 벽에 조각 되어 있는 매장에서 아주 천천히 산에서의 모험을 상상하며 배낭을 고를 것이다. 배낭 구매 이전에 당신은 산악인이 된 것 같은 기분 자체를 만끽하는 걸 좋아한다. 마지막으로 자판기 커피나 집에서 내려 마시는 원두 커피, 집 근처 커피숍에서 파는 아메리카노도 만족해하는 당신. 테이크 아웃이 가능한 사무실 근처의 커피 매장이면 충분한 당신은 Convenience형이다. 그런 당신은 배낭을 인터넷으로 주문한다. 적당한 걸로...

20대 여자는 다양한 인생의 무대를 경험한다

라이프 스테이지는 한 고객이 학생 혹은 미혼 시기를 거쳐 결혼을 하고 새로운 가정을 이루고, 자녀를 출산하고 소비 규모가 커지고 구매하는 상품이 다양해지는 단계에서, 다시 어린 자녀가 자라서 대학을 가고 취업하고 다시 출가하여 부부만 남게 되고, 결국 노년층이 되면 소비가 다시 단순해지고 축소가 되는 생애 전 과정에서 일어나는 변화를 파악하는 것이다. 그리고 그 파악에 따라 고객이 어느 단계에 있는지를 판단하고 그 소비를 가늠하는 방식을 의미한다.

일반적으로 스무 서너 살에 대학교 졸업 후 여자들은 선택에 따라 다른 무대를 살게 된다. 대학 때까지는 비교적 서로서로 비슷하다가도 졸업 후 대학원에 진학하는 사람은 여전히 단출하면서도 소비 규모가 작은 학생의 신분으로 산다. 반면 취업한 사람은 사회 활동 변화로 소비의 규모도 비교적 커지고 직업에 따라 승용차를 구입할 수도 있다. 어떤 여학생은 졸업하자마자 결혼할 수도 있다.

대학원에 다니던 동기가 석사 학위를 받을 때쯤에 결혼한 동기는 아이 엄마가 되어 있을 수도 있다. 취업한 친구는 팀장급으로 승진하거나 연봉이 좀 더 올라서 승용차의 크기를 더 키울 수도 있다. 세 사람의 나이는 같지만 삶의 형태와 가족 구성원에 따라 소비의 규모, 방향, 구매 패턴 등이 상이하게 달라진다. 그래서 인구 통계학적으로 나이, 학력, 소득이 같다고 같은 고객 군으로 묶는 것은 아마추어적이고 원시적인 방법이다.

한 번 비싼 걸 사는 소비자보다 꾸준히 사주는 소비자가 가치 있다

고객을 이해하고 나누는 또 다른 전통적인 방식으로는 RFM 분석을 통해 고객의 충성도를 나누는 방식도 있다.

RFM분석이란 R: Recency, F: Frequency, M: Monetary의 영어 첫 글자만 따온 단어로 '한 명의 고객을 가지고 얼마나 최근에 우리 매장 혹은 상품을 구입하였는지, 또한 얼마나 자주 방문하는지, 마지막으로 얼마나 돈을 지불하고 쓰는지를 잣대로 고객의 충성도 혹은 기여도를 체크하는 것이다. 그리고 그 충성도에 상응하는 혜택을 제공하는 방식이다.

예를 들면 30만 원 짜리 고가구두를 구매한 20대 여자보다 앞으로 마라톤을 하기로 다짐하고 10만 원 짜리 런닝화를 사간 후, 주기적으로 마라톤 관련 의상, 용품(모자, 시계 등)을 자주 와서 사가는 30대 남자 고객이 더 가치가 있다는 뜻이다. 한 번의 매출액으로는 20대 여자 고객이 더 가치 있을지 몰라도 연간, 더 나아가 전 생애에 걸쳐서 고객의 가치를 비교해

보면 30대 남자가 더 높은 것이다.

고객을 알기 위한 방법은 더 깊고 다양해지고 있다

지금까지의 방법들은 기업, 브랜드, 매장, 제품과 고객과의 관계를 정의하고 그 질을 평가하기 위한 목적보다는 고객의 성향과 구성 비율 등을 파악해 고객에게 초점을 맞춰 앞으로의 마케팅 방향을 설정하기 위한 방법이다. 하지만 여전히 세밀함과 내적인 관계 형성에 대해서는 부족하기 때문에 더 나은 방법을 찾기 위해 고심 중이다. 위와 같은 전통적인 고객 세분화 방식은 각각의 고객을 미리 나누어 놓고 정의해 버리는 방식으로 순간순간 상황에 따라 변하는 고객의 행동을 예측하지 못한다는 한계를 갖고 있다. 그래서 최근에는 구매 상황에 초점을 맞춘 방식들이 등장하고 있다.

고객은 멀티플레이어

40대 남성이 한 명 있다고 가정하자. 이 사람의 여러 정보를 취합해본 결과 Life Quality 추구형이고 결혼 이후 중학교, 초등학교에 다니는 1남 1녀의 자녀를 둔 소비 확장형의 스테이지를 살고 있는 고객이라고 정의 했다. 그렇다면 이 고객은 어떤 제품, 어떤 매장에서도 같은 패턴의 쇼핑을 하고 제품을 구매할까? 아니다. 평일에 사무실 비품을 사러 대형 사무용품점에 부하직원과 간다면 당연히 주어진 예산 안에서 필요한 물품과 주어진 수량을 사기 위해 최고의 품질만을 고집하지 않을 것이다.

이 남자가 주말에 가족과 쇼핑을 갔다고 하자. 늘 가던 마트에 아내와 자녀들을 동반하고 가서 일주일치 먹을거리와 잡화 등을 산다면 이 남자는 카트를 미는 역할에 충실할 것이다. 자동차 용품이 필요하면 그 코너에 스스로 가서 잠시 서성일지 몰라도 대부분은 아내를 따라 아이들과 함께 움직인다. 물건을 선택할 때도 크게 고민하지 않는다. 대부분의 제품 결정에 관여도 하지 않는다. 코너에서 코너로, 진열대에서 진열대로 분주하고 신속하게 움직일 것이다. 반면 마트에 TV나 냉장고를 사러 갔다면 카트를 팽개치고 가전제품 매장에서 한 두 시간은 꼼짝도 안 할 것이다.

점원과 많은 대화를 할 것이고 TV의 경우엔 아마도 대화의 주도권은 남자가 갖게 될 것이다. 같은 사람이 같은 곳에 왔지만 무엇을 사러 왔는지에 따라서 구매 형태가 다른 것이다.

마케터는 이런 모든 상황까지도 고려해야 한다. 마트에서 구매 시 편리를 추구하는 제품일 경우엔 진열대 가깝게 놓거나, 너무 빠르게 카트가 움직여서 특정 코너의 물건이 안 팔릴 경우 특정 통로를 일부러 좁게 만들어 카트의 병목 현상을 만들기도 한다. 코너별 음악을 조정하고, 조명, 향기, 점원의 유니폼, 고객 대응도 달라야 한다. 이 모든 게 마케터의 머릿속에 있어야 한다.

상황별 맞춤 고객 전략

그래서 일반적으로 대형 마트 같은 곳에서는 6~7개의 상황 세분화(Occasional Segmentation)를 하고 있다. 고객이 매장에 오는 것을 Trip으로 간주하고 다양한 Trip Type으로 나눈다.

일주일간의 생필품을 한 카트 가득 구매하는 비축형(Stocking Type), 가족과 나들이 겸 나와서 외식과 쇼핑을 더불어 즐기는 가족단위 쇼핑형(Family Together Type), 당장 필요한 음료나 간편식 한두 가지를 집어서 매장을 나가는 단순목적형(Simple Mission Type), 가전제품 등 고관여도의 상품을 구매하기 위해 방문하여 오랜 시간을 들이며 정보를 캐내는 목적구매형(Purposeful Purchase Type), 두 세 명의 친구와 방문하여 시간을 보내며 사회적인 만족감과 유대감을 충족하는 소셜 쇼핑형(Social Shopping Type), 생일이나 기념일, 명절 등 특별한 이벤트 등을 위해 특별한 상품을 구매하는 스페셜 쇼핑형(Special Spend Type), 혼자 매장을 방문하여 굳이 구매를 안하더라도 돌아다니며 구경하고 자신을 위해 돈과 시간을 쓰는데 만족감을 느끼는 자기만족형(Self Satisfaction Type) 등이 대표적인 유형이다. 매장 내 물건 만큼이나 다양한 고객 상황이 연출 되고 있는 것이다.

고객의 다양한 욕구들을 이해한다면, 다양한 고객들의 욕구를 만족시킬 수 있다

 물론 한 명의 고객이 다양한 범주에 속할 수 있다. 주부이면서 학생일 수 있고, 대기업 부장이면서 주말이면 카트를 몰아야하는 평범한 가장일 수도 있다. 그래서 고객과 만나는 한 상황에서 그 고객을 실망시킨다면 다른 상황에서의 그 고객도 잃을 수 있다. 부장인 중년 남자를 만족시키지 못한다면 중학생 아들을 둔 평범한 아빠 고객도 잃는다는 의미다.

 그러므로 마케터는 각각의 상황에서의 고객의 니즈와 추구하는 방향을 연구하고 만족시킬 수 있는 방안을 만들어내야 한다. 물론 모든 고객을 완벽하게 만족시킬 수 있는 매장이나 상품은 없다. 그렇다고 현재의 상황에 안주해서는 안 된다. 늘 고객의 입장에서 생각하고 한 고객, 한 고객의 행동을 관찰해야 한다. 그래서 개선점이 보이고 빈틈이 보이면 새롭게 개발하고 채워놓아야 한다.

 전통적인 마케터의 프레임인 라이프 스타일이나 라이프 스테이지로 매장을 보는 것과 지금 내 앞에서 구매하고 있는 고객 눈으로 고객과 매장의 관계, 구매 패턴, 매장 내 행동을 보는 것과는 완연한 차이가 있다. 전혀 새로운 면들이 보이게 될 것이다. 마케터들은 끊임없이 고객을 이해하고 분석할 수 있는 부지런하고 다양한 눈들을 가져야 한다. 왜냐하면 항상 세상은 보는 만큼 알고, 아는 만큼 행동할 수 있기 때문이다.

레드오션도 블루오션도 정답은 '고객'이다

유통업에게나 소비재 제조업에게나 현재의 상황은 그야말로 무한경쟁의 시대이다. 지금처럼 고객이 인터넷이나 모바일을 통해 모든 정보를 다 가질 수 있고, 한 가지 상품에 대해 국내외의 수십 개의 브랜드 가운데서 선택할 수 있으며, 집에서 10분 거리에 다양한 업태의 유통매장에서 상품을 구매할 수 있는 상황에서 미개척의 블루오션은 없는 듯하다.

예전엔 경쟁사가 전혀 따라올 수 없던 대박 상품이 일시적이나마 존재했는데 이제는 아무리 기발한 상품을 개발해도 그 비슷한 상품이 세계 다른 곳에 존재하기 마련이고 짧은 시간 내에 경쟁사가 들여온다. 심지어 국내에서 유사한 상품이 나오는 것도 시간문제다. 모든 분야가 핏빛으로 물든 레드오션의 시대다. 하지만 공략대상인 블루오션도 어딘가엔 펼쳐져 있을 것이다. 이런 시대이기에 고객의 이해는 더욱 중요하다. 고객을 이해하고 연구하는 기업과 그 필요성을 느끼지 못하고 기존의 생산자 중심의 소비자 관점의 사업을 하는 기업과는 판이하게 구별될 것이다. 그 결과는 소비자에 달려있다. 레드오션이건 블루오션이건 정답은 고객이다. 그리고 기업으로 하여금 '고객'의 마음을 사로잡고 행동하게 하는 것은 마케터들에게 달려있다.

마케터는 교과서적으로 고객의 성향과 라이프 스타일에 따라 고객들을 나누어 분석하는 것은 기본이고, 똑같은 고객이라도 각 상황에 따라 느끼는 만족도의 섬세한 면까지 분석하고 같은 상품이라도 고객이 처한 상황에 따라 전혀 새롭고 참신하게 보이게끔 해야 한다. 이런 노력을 하는 마케터가 있는 기업이라면 고객중심의 기업으로써 고객들이 인정을 하고 그 충성도는 더욱 높아지는 기업이 될 것이라 확신한다.

/ 마케터가 알아야 할 상품 이야기

히트 상품의 비밀,
고객이 원해야 팔린다

시장에는 매일 수많은 상품이 출시되고, 매장이라는 공간은 늘 한정돼있다. 이 때문에 유통업체들은 SKU[1](Stock Keeping Unit) 최적화를 위한 다양한 방법과 기술을 도입하고 연구하는데 이때 중요한 것은 고객 및 장바구니 분석을 통한 카테고리별 전략 수립이 선행돼야 한다는 점이다.

한번쯤 해 봤을법한 생활 속 질문

Q. 대형 마트 안의 수많은 상품들, 과연 전부 잘 팔릴까?
Q. 왜 내가 사고 싶은 상품은 매장에서 찾을 수 없는 것일까?
Q. 예전에 보던 월마트가 지금은 달리 보이는 이유는?

마케팅의 최전방엔 제품이 있다

제조업과 유통업 모두 마케팅 부서에게 주어진 가장 큰 과제는 상품에 대한 전략수립 및 관리다. 제조업은 물론이고 특히 유통업 매장에는 적게

[1] 매장내에서 각 상품과 재고를 관리하는 가장 작은 단위로 업체의 관행에 따라 약간씩 정의가 다르긴 하지만 일반적으로 차별적인 바코드를 부여받은 상품의 단위로 보면된다. 같은 모카커피라 하더라도 200개들이, 300개들이 등 용량과, 맛의 특징에 따라 크림첨가, 블랙 등이 다른 단위는 서로 다른 SKU로 분류한다. 국내의 대형마트의 경우 평균적으로 약 7~8만개의 SKU를 운영한다.

는 수백, 많게는 수만 개의 상품이 존재한다. 영업이나 개발 부서는 각자 자기가 맡은 상품이나 매장을 위해 제품을 개발해 소싱(Sourcing)하고 바잉(Buying)하지만 전체 상품이 어떻게 전개되고, 과거의 상품과는 어떻게 다르고 앞으로 어떤 상품들로 채워야 할 지 등을 종합적으로 챙기기에는 시야가 제한되어 있다. 흔히들 마케팅의 4P(Product, Price, Promotion, Place)를 마케팅 전략의 핵심으로 정의하는데 그 중에서도 가장 중요한 것은 팔릴만한 상품을 개발하고 관리하는 일이다. 왜냐하면 결국 고객들과 만나고, 고객들이 삶에서 경험하는 것은 상품 그 자체이기 때문이다.

카테고리 전략

B2C 영업을 하는 대부분 기업들이 고민하는 것은 자사가 보유하고 운영하는 그 수많은 상품들 중에서 어떤 제품에 더 집중하고 마케팅 자원을 배분하고, 어떤 제품은 줄이거나 현 상태를 유지할 것인가를 결정하는 것이다. 왜냐하면 첫째는 상품을 유지하고 운영한다는 것 자체가 비용을 수반하는 것이고, 둘째는 과거에는 수익을 보장하던 효자 상품이라 하더라도 세월이 지남에 따라 고객들에게 잊히게 되면 바로 수익을 까먹는 애물 단지 상품으로 전락하기 때문이다.

특히 유통업에서는 수많은 상품들을 카테고리[2]라는 이름으로 나누고 분류를 하는데 매장의 공간은 한정되어 있고 신제품은 계속 쏟아지는 상황에서 어떤 카테고리를 살리고 죽일지를 결정하는 것은 매장 내 공간 및 비용 효율에 직접적인 영향을 미친다. 그래서 마케팅 전략의 핵심 중 하나는 각 카테고리의 역할과 전략을 연구하고 결정하는 것이다. 물론 마케팅의

---

2) 상품의 분류체계를 말한다. 가장 작은 단위의 SKU가 묶여 비슷한 속성의 상품들을 분류, 카테고리로 정의를 하고, 다시 작은 단위의 카테고리가 묶여 더 큰 카테고리를 형성한다. 유통의 경우 카테고리를 대·중·소 카테고리로 분류하고 소 카테고리 밑에는 SKU 단위의 상품들이 구성되어 있다.

상품전략에 있어 새로운 신상품을 기획하고 개발하고 출시하는 것도 중요하지만 신상품 전략도 반드시 전체 운영상품의 카테고리 전략 하에 수립되어야 한다. 정작 기업에 돈을 벌어다 주는 것은 기존 상품에 대한 효율적인 운영 및 전개이기 때문이다.

월마트의 카테고리 전략

카테고리 전략의 대표적 예는 월마트의 사례이다. 월마트는 거의 10만 개가 넘는 상품을 취급하고 있으며 효율적인 상품운영을 위해, 모든 상품 카테고리를 크게 Win-Play-Show 이렇게 3가지로 나눈다. 취급하는 상품이 워낙 많다 보니 상품 하나하나의 운영전략을 가져가는 건 불가능하고 상품의 특성을 묶어 카테고리 단위로 전략을 수립, 운영 하는 것이다. 말이 카테고리 단위로 묶는 것이지 카테고리 자체도 월마트의 경우 수백 가지에 이른다. 이 3가지 분류는 모든 카테고리를 현재의 중요도(현재의 매출, 시장점유율 및 수익)와 시장의 성장성, 즉 현재 이 카테고리가 시장에서 커지는 상황인지 줄어들고 있는 상황인지를 기준으로 한다.

Win 카테고리는 현재 잘하고 있고(점유율과 수익) 또한 시장도 커지고 있는 카테고리 군을 말한다. Win 카테고리는 어떤 노력을 해서라도 반드시 시장에서 위치를 선점, 유지하고 시장점유율을 확대하며 다른 경쟁사들을 제압해야 하는 카테고리이다. 월마트에 있어 Win 카테고리 전략의 핵심은 절대적인 가격우위 유지다. 한마디로 그 카테고리에선 누구보다 싼 가격으로 승부를 본다는 것이다.

Play 카테고리는 두 가지의 다른 범주로 나뉜다. 시장성장성은 높으나 현재 우리가 잘하고 있지 못하거나, 혹은 우리가 잘하고 있으나 시장성장성이 높지 않아 새롭게 많은 마케팅 자원을 투입하기보다는 현재의 수준을 유지하며 특히 수익성을 높여야 하는 카테고리다. 시장성장성은 높으나 우리가 잘하고 있지 못하는 카테고리에 대해서는 전략적 선택이 필요하다. 시장성장성을 보고 대규모 투자를 통해 경쟁력을 강화할 것인지 아니면 어느 정도 구색을 맞추는 정도만 유지하고 우리가 더 잘하고 있는 영역에 더 집중할 것인지에 대한 것이다. 시장성장성이 높다고 하지만, 타사의 장벽이 무척 두터운 분야에 도전했다가 결국 많은 비용만 낭비하는 경우도 많기 때문이다.

반면 Show 카테고리는 시장성장성도 낮고 현재 우리도 잘하고 있지 못하는 카테고리이다. 이런 카테고리는 고객을 위해 최소한의 구색만을 갖춘 채 매장에서 과감하게 줄이거나 심지어 철수를 검토할 수도 있다.

월마트의 경우엔 과거엔 모든 카테고리에 있어 절대 강자였고 최강의 가격 경쟁력을 내세워 생활에 필요한 모든 상품들의 구색을 전부 갖췄지만, 최근 고객들의 소비 형태가 까다로워지고 카테고리별로 매장이 전문화 되면서 카테고리 킬러들, 즉 전문점들과의 경쟁에서 뒤지기 시작한 카테고리들을 Show 카테고리로 정의하고 과감히 축소했다. 예를 들면 공구나 건축자재와 같은 홈 센터 카테고리들이거나 대형백색가전들과 같은 Hard하거나 남성적인 상품들이다. 반면 시장이 커지고 있는 유기농관련 식품과 HMR(Home Meal Replacement[3])상품, 미용 및 건강에 관련된 상품, 디지털 가전의 핵심인 대형 평면 TV, 세제, 베이비용품 그리고 애완용품 등, TV를 제외하고는 약간은 Soft하고 여성적인 상품군을 Win 카테고리로 정하고 대폭 구색을 강화하고 매장 크기도 늘렸다.

3 원재료들을 구매하여 집에서 요리하는 개념이 아닌 그대로 구매하여 집에서 간단하게 데우거나 오븐 및 마이크로 웨이브 등에서 요리하여 바로 먹을 수 있는 제품으로 최근 1~2인 가구 및 맞벌이 가구의 증가로 시장이 대폭 성장하고 있다.

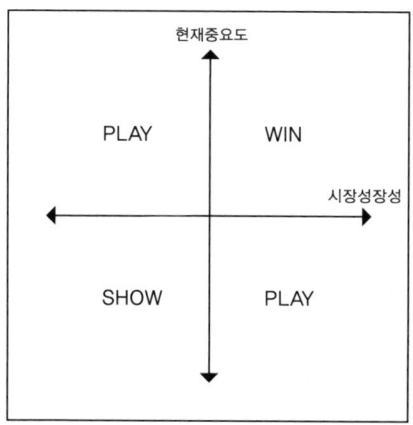

▲그림 1. WIN-PLAY-SHOW 카테고리

 마지막으로 청바지와 같은 의류나 신선 전체, 가정용품 등은 Play 카테고리로 구분하고 품질에 대한 소비자 인식을 집중적으로 개선하지만 전문점과 비교해서는 제한된 상품 구색 및 브랜드 운영을 통해 효율을 개선하는 노력을 해 왔다.

마케터의 딜레마, 죽일 것인가? 살릴 것인가?

이러한 카테고리의 구분은 비단 유통업에만 해당되는 것은 아니다. 다양한 상품군을 가지고 있는 대형 식품이나 일상용품 제조사들도 마찬가지다. 자사가 보유하고 있는 브랜드나 상품군을 위와 같은 방법으로 면밀히 분석하여 향후의 자원 배분에 대한 결정을 마케팅 부분에서 주도해야 한다.

일단 카테고리의 역할 및 전략이 정해지면 이에 따른 카테고리 내 상품 각각에 대한 전략 또한 디테일하게 정해져야 한다. 즉 개개의 상품 중 무엇을 늘리고 줄일 것인지를 결정해야 한다. Win 카테고리라고 무턱대고 모든 상품을 갖추고 SKU를 늘리는 건 아니다. 그 안에서도 한 번 더 늘릴 상품과 줄일 상품을 선정하고 실행해야 한다. 아무래도 이런 과정에서 Win 카테고리의 경우엔 늘릴 구색의 상품이 많을 것이고, Show 카테고리는 구색이나 SKU를 줄여야하는 상품이 많을 것이다. 이렇게 구색과 상품을 늘리고 줄이는 것을 SKU 최적화(Optimization)라고 한다.

유통업의 특성상 매장의 상품은 그 수가 끊임없이 늘어날 수밖에 없다. 끊임없이 새로운 상품이 쏟아져 나올 뿐만 아니라 고객 또한 취향이 수시로 변해 언제나 새롭고 신선한 제품을 구비하기를 원하기 때문이다. 그러나 이러한 새로운 상품을 하나하나 들여놓다보면 한정된 매장 공간은 차고 넘치게 되고, 결국엔 기존 상품의 SKU를 제거하고 걷어내지 않으면 안 되는 상황에 처하게 된다. 이때 전략적으로 어떠한 상품을 걷어내고 새로운 상품을 도입할 것인지에 대한 답을 어떻게 얻어낼 것인가? 영업이나 Buyer 관점에서는 대개 매출이 저조한 상품들을 걷어낸다. 혹은 수익이 적은 상품, 성장률이 떨어지는 상품을 줄이게 된다. 물론 나름 타당성이 있는 전통적인 방식이다. 하지만 항상 SKU를 줄일때 드는 생각은 '그래도 이상품을 찾는 고객이 있는데', '많이는 안 팔려도 이 상품이 없으면 불평하는 고객이 있을 텐데' 이다. 그래서 또다시 해당상품을 제거하는데 주저하고, 결국 해당 카테고리내의 상품들이 최적화 되지 않아서 기존 상품 때문에 신상품 도입도 더디게 된다.

결국 고객이 제품을 살린다

CRM 등을 통한 고객에 대한 이해나 분석이 없다면 위와 같은 현상이 반복이 될 수밖에 없다. 그래서 최근엔 SKU 최적화를 위한 매트릭스를 도입하고 해당상품의 공헌도와 상품연관성을 함께 파악을 한다. 상품공헌도는 그 상품의 매출이나 이익 정도를 보는 것이고, 상품연관성은 핵심고객의 장바구니에 얼마나 해당상품이 많이 담기고 고객과의 연관성이 있느냐의 문제다. 회사에 도움(매출, 이익)을 주는 핵심고객들이 얼마나 많이 찾는 상품 인지가 중요하다는 것이다. 핵심고객의 장바구니에 많이 담기는 상품을 그 자체의 매출/이익 공헌도 차원에서만 판단해 제거한다면 고객관리 차원에서 문제가 생길 것이다. 그 고객은 그 제품을 찾아 매장을 옮길 수 있기 때문이다. 그래서 상품공헌도(매출과 이익)도 높고 (고객과의) 상품연관성도 높은 상품은 매장 공간을 늘리고 진열량도 확대해야 한다.

많은 회사들이 SKU 최적화를 단순히 SKU 숫자를 줄여야 한다는 방향으로 추진하다가 오히려 역효과를 본다. SKU 최적화는 반드시 고객 및 장바구니에 대한 분석이 선행 되고 카테고리별 구색에 대한 전략이 명확히 된 후에 전개하여야 한다.

월마트의 시행착오

 미국의 월마트의 경우도 앞서서 언급한 Win-Play-Show의 카테고리 전략을 수립한 후 각 카테고리의 역할 및 상황에 따라 대대적인 SKU 최적화를 추진하였지만 많은 시행 착오를 겪은 것이 사실이다. 2000년대 중반 이후 월마트는 큰 위기를 맞게 된다. 그 동안 엄청난 규모의 바잉파워와 Made in China 위주의 저가 비식품 상품 등을 무기로 초고속성장을 하던 월마트는 중국산 저품질 제품에 대한 미국인들의 반발 심리와 소득 증대에 따른 고품질 상품에 대한 선호, 이러한 상황을 파고드는 프리미엄 할인점인 타겟(Target)의 도전, 그리고 홀푸드 마켓(Whole food Market)이나 웨그먼스(Wegmans)와 같은 프리미엄 식품을 파는 전문점들의 약진 등으로 인해 매출 신장률이 곤두박질치고 만다. 결국 지금까지의 비즈니스와 영업 정책에 대한 고민 끝에 대대적인 상품 및 MD 개편을 추진하고 고객 성향과 시장상황의 변화에 따라 늘릴 것과 줄일 것을 과감하게 나누게 된 것이다.

 이러한 시도는 2008년도 이후부터 결실을 보게 된다. Target과 역전되었던 신장율이 다시 역전이 되고 다시금 월마트로 고객이 돌아오기 시작하였다. 하지만 이러한 현상은 오래가지 않았다.

2008년 이후의 상황은 월마트의 이러한 혁신의 성과라기보다는 2008년 리먼 사태 이후의 엄청난 경기침체로 인해 소득이 줄어들었던 미국인들이 소비를 줄이기 위해 월마트를 다시 찾은 일시적 현상이었던 것이다. 어느 정도 경기침체가 개선된 후에 다시 고객들은 월마트 방문을 줄이기 시작했다. 고객들이 경기 회복과 함께 다시 월마트를 떠난 원인은 월마트에서 결국 카테고리전략에 따른 과감한 SKU 최적화를 전개할 때 고객과 장바구니에 대한 분석을 충분히 하지 못한 것이 가장 큰 원인이었다고 전문가들은 지적하고 있다. 즉, 핵심고객이 찾는 많은 카테고리들의 구색이 필요 이상으로 줄어든 것이다.

　예를 들면 대표적으로 SKU 구색을 많이 줄인 상품군인 스포츠용품과 집수리용품 Tool 도구 및 정원 관리 용품 등인데 이러한 상품군은 대표적인 남성성향의 상품들이다. 월마트는 식품을 강화하고 여성고객을 늘리기 위해 여성상품들을 강조하면서 남성상품들의 SKU를 대폭 줄이는 선택을 했다. 물론 장기적으로 상품의 포트폴리오 혁신을 통해 공격해오는 다양한 업태를 방어하는 것은 좋았지만, 구색을 줄이더라도 해당 카테고리 내 각 상품의 고객 분석을 통해 남성이지만 가정을 가지고 전체 월마트의 매출을 받쳐주는 견실한 가장들이 선호하는 상품들의 구색을 줄이지는 말았어야 했다.

　그러나 너무 과감하게 SKU최적화를 진행한 것이 결국엔 핵심고객의 이탈로 이어지고 전체 매출신장세가 꺾이는 결과를 초래하게 된 것이다. 그래서 월마트는 2011년부터 각 카테고리의 구색을 다시 정비하고 SKU가 과도하게 제거된 카테고리 및 상품군을 재정비하는 작업을 하고 있다.

마케터는 고객과 함께 쇼핑을 동행하는 사람

　마케터가 알아야하고 챙겨야 하는 상품에 대한 영역은 다양하다. 이중 개별 상품의 디테일이나 가격, 디자인, 패키지 등도 중요하지만 전체적인 유통업 혹은 제조업 차원에서의 상품 및 카테고리의 라인업 그리고 각 상품군의 역할 및 전략이 가장 핵심인 것이다. 이 때 반드시 고객에 대한 관점으로 상품을 바라봐야 하고 고객의 관점에서 상품을 늘리고 줄이는 전략을 제시해야 한다. 왜냐하면 영업이나 바이어들은 자기 상품들에 대해 고객관점의 장바구니까지는 신경 쓰기 쉽지 않고, 심지어 자신이 맡은 상품 카테고리가 자기 밥그릇이라고 생각해 자기 상품 카테고리에 몰입되어 전체 카테고리와의 조화 및 상관관계를 찾아내는 데는 한계가 있기 때문이다. 앞서 얘기한, 마케터는 경영자이고 전략가이어야 한다는 명제는 바로 기업의 다른 부서와는 다른, 한 차원 높은 시각을 가지고 이렇게 상품에 대한 방향을 제시해 줘야 한다는 의미도 담겨 있는 것이다.

마케터가 알아야 할 가격 이야기

지갑이 아닌
마음을 열어라

가격 정책을 어떻게 가져가느냐에 따라 브랜드 포지셔닝이 정해지고 기업 자체 혹은 특정 브랜드나 제품의 성패가 좌우되기도 한다. 그리고 이러한 가격정책은 간단히 정해지는 것이 아니라 마케팅 부서의 철저하고 전략적인 시장조사와 분석결과로 도출되는 것이다.

한번쯤 해 봤을법한 생활 속 질문

Q. 왜 천 원이 넘는 봉지라면은 없는 것일까?
Q. 명품 매장에서 고객들을 줄 세워 입장시키는 이유는?
Q. 마트에서 냉동만두를 할인하면 햇반이 덜 팔린다?

수익구조의 출발점-가격

마케팅의 4P 전략(Product, Price, Promotion, Place)중에서 기업의 수익과 바로 연결되는 것은 Price, 즉 가격 전략이다. 마케팅 부서에서 어떻게 가격전략을 펼치고 마진정책을 추진하는가에 따라 기업의 수익구조가 달라진다. 비슷한 상품을 가지고도 고마진의 고가정책을 가져가는 기업도 있고, 반대로 저가의 박리다매 전략을 펼치기도 한다. 생필품보다는 의류나 자동차와 같이 고가 또는 사치재에 가까운 상품들에서 기업들의 전략은 현저하게 갈라진다.

명품과 SPA를 오가는 여자의 마음

고가의 루이비통, 에르메스, 샤넬과 같은, 여성이라면 누구나 갖고 싶어하는 해외명품들은 원가와 상관없이 가격이 움직인다.

이러한 제품들은 오히려 비쌀수록[4) 더 많은 여성들의 동경이되며, 소수의 여성만이 가질 수 있는 가격으로 인해 수요도 한정되어 있지만 원가대

---

4 일종의 베블렌 효과다. 일정 수준 이상의 소득 계층은 다른 계층과 차별화되기 위해 비교도 안 될 만큼 높은 가격의 제품을 구매한다는 것이다. 이러한 구매력은 전반적인 경기와 무관하게 작동된다. 명품은 이러한 효과에 시즌마다 변경되는 디자인, 한정된 생산량, 리미티드 에디션 등으로 제품 자체의 희소성도 함께 높이고 있다.

비 엄청난 마진으로 기업의 수익은 지속적으로 늘고 있다. 물론 이런 수익 중 많은 부분이 광고나 마케팅, 그리고 유명인들을 위한 이벤트 등에 쓰이고 그로 인해 거품이라는 여론의 비난도 받지만 이런 가격 정책엔 변함이 없다. 작년 유럽과의 FTA가 발효되고 관세가 철폐되어 많은 사람들이 국내의 판매가격이 내려가기를 기대하였지만 오히려 가격은 일부 올라가거나 유지되어 해외명품의 도도한 '품격'을 유지했다.

반대로 같은 여성을 타겟으로 하는 패션 상품이지만 SPA 패션브랜드는 일종의 박리다매 전략으로 대중적인 가격을 지향하고 있다. ZARA나 H&M등의 대표적인 SPA브랜드들은 그 품질이나 가치에 비해 가격은 저렴하다. 명품처럼 특별하고 아름답게 돋보이고 싶은 여성의 욕망을 채워주지만, 꼭 필요한 마케팅이나 광고비용을 제외하고는 모든 영역에 있어서 거품을 제거하고 상품의 효율을 극대화하여 재고비용을 최소화하고 합리적인 마진을 유지함으로써 고객수와 매출을 늘리는 전략을 펴는 것이다.

품질이 아닌 품격의 차이?

화장품의 경우도 마찬가지다. 백화점이나 면세점에서 주로 판매되는 국내외 유명 브랜드의 가격구조에서 화장품 자체의 원가 비중은 얼마나 될까? 물론 브랜드마다 제품마다 다르겠지만 과거 경영컨설팅 경험에 의하면 10~20% 가량으로 알고 있다. 상품의 원가에 있어서도 오히려 배보다 배꼽이 더 커서 럭셔리한 용기나 포장에 상당한 비용이 들어가고 유명 모델을 앞세운 마케팅 광고나 이벤트 비용, 판촉에 들어가는 다양한 샘플이나 사은품의 비용, 매장을 좀 더 돋보이게 만들기 위한 시즌별 인테리어 비용이나 판매사원들의 비용, 그리고 마지막으로 백화점이나 면세점들을 위한 판매수수료들을 고려해 주면 화장품의 판매가격이 마냥 거품만은 아닐지도 모른다.

일부 유명브랜드 화장품회사들이 이러한 가격의 거품을 없애기 위해 용기를 심플하게 만들고 마케팅 비용을 줄여서 가격을 낮추는 시도를 여러 번 했으나 번번이 실패해서 다시 고가 정책으로 돌아가는 것을 반복해 왔다. 고가의 브랜드를 선호하는 여성들에게 화장품은 가격이나 품질로 판단하는 것이 아닌 전혀 다른 요인으로 구매되기 때문이다.

실용주의 화장품 브랜드의 등장, 고가 브랜드는 여전하다

하지만 이러한 전통적 화장품 시장에 2000년 초반에 열풍을 일으키며 등장한 미샤나 더 페이스샵 등의 저가화장품은 가격 거품을 제거하는 박리다매 전략으로 성공했다. 용기나 포장을 단순화하고 마케팅 비용을 최소화 했으며, 길거리 상점이나 대형 마트와 같은 새로운 유통채널을 통해 판매수수료를 줄여 기존 브랜드 화장품의 반값에도 미치지 않는 가격으로 특히 젊은 10대, 20대 여성에게 크게 어필하였다. 하지만 최근엔 기존 브랜드 화장품 회사들도 기존의 제품라인이 아닌 저가 브랜드 라인업을 보강하고 시장을 공략함에 따라 이러한 저가 화장품기업들 또한 고가의 제품 라인을 출시하고 용기를 고급화하고 유명 광고모델 등을 기용하여 고가 라인을 제시함으로써 차별화되던 가격 정책을 희석시켜 모든 화장품 시장은 다시 평준화 되었다. 소비자들에게 선택의 폭이 줄어들어 안타까운 일이다. 화장품 브랜드의 가격 변화와 대응은 마케터로서 가격전략을 어떻게 차별화함으로써 기존에 없던 새로운 시장을 창출하고 기업을 Positioning할 것인가 있어서 매우 흥미로운 사례다.

라면값이 천 원을 넘으면 부담스러운가?

이처럼 기업이 자사의 상품에 대해서 어떤 가격정책을 가져가느냐에 따라, 특히 기업 브랜드의 Position이 정해지고 기업자체 혹은 특정 브랜드나 상품의 성패를 좌우하기도 한다. 이러한 가격정책은 단순히 정해지는 것이 아니라 마케팅 부서의 철저하고 전략적인 시장조사와 분석결과로 나온다. 제조업에 있어 가격전략의 중요성이 또다시 부각된 사례는 농심의 신라면블랙이다. 농심은 기존의 신라면 보다 좋은 재료를 사용하여 프리미엄 라면 시장을 열려고 했다.

기존 라면시장은 정체기다. 4~5개 제조사에서 1,000원 미만대의 고만고만한 라면들이 쏟아지고 있다. 대형마트의 라면코너에 가면 종류조차 헤아릴 수 없을 만큼 다양한 라면들이 산더미같이 쌓여있는 것을 보게 된다. 우리나라에 라면 종류가 이렇게 많았는지 놀라울 정도다. 라면은 서민들이 먹는 품목이기에 가격에 매우 민감한 편이다. 그런 까닭에 어느 제조사건 상품이 차별화 되지 못하고 오히려 신상품 출시라는 명목아래 정해진 가격 범위내에서 상품 수만 많아졌다. 다시 말해, 상품운영비용은 올라가고 효율은 떨어지고 있다는 의미이기도 하다.

프리미엄 라면은 이전에도 몇 번 시도된 적이 있다. 그러나 라면은 가격에 민감한 상품이라 번번이 소비자의 마음을 잡는데 실패했다. 최근 고객의 니즈도 변하고 건강과 관련해서는 까다로운 소비를 하는 젊은 층의 구매비중이 높아짐에 따라 가격은 다소 높더라도 좋은 재료에 라면의 취약점인 건강과 영양부분을 보강을 한 라면의 출현이 가능한 시기가 왔다고 판단한 것 같다.

이러한 상황에 먼저 움직인 것은 뜻밖에도 기존의 라면 제조사가 아닌 풀무원이다. 풀무원은 '자연은 맛있다'라는 웰빙 컨셉의 라면을 출시하며 프리미엄 라면 시장을 선점하고자 했다. 국내시장의 절대강자인 농심사는 이에 신라면 블랙이라는 또 다른 신라면을 출시함으로써 풀무원 사에 대응하고, 더 나아가 차별화된 시장을 리드하려 했다. 하지만 아쉽게도 상품 자체의 인기는 컸지만 전혀 예상치 못했던 외부요인에 영향을 받아 실패했다. 바로 정부의 물가안정이라는 강력한 정책상의 이슈였다. 신라면 블랙이 이 정책 방향에 역행하는 모양새가 됨으로써 정부의 압력과 여론의 안티를 불러오게 되고 결국은 제품생산 중단이라는 상황을 맞이한 것이다. 물론 약 2년간의 시간을 두고 최근 다시 조심스럽게 재출시를 하였지만 그동안의 손실은 컸다.

이는 마케터들에게 시사하는 바가 매우 크다. 어느 기업이건 가격전략과 정책을 통해 새로운 차별화 상품과 시장을 만들고 선점하는 것은 중요하다. 아무리 라면이 서민의 포퓰리즘 이슈와도 연관 지어지는 상품이라 하더라도 꼭 저가의 라면만을 원하는 고객만 있는 건 아니다. 얼마를 더 지불하더라도 좋은 라면을 원하는 고객이 많을 수도 있다는 사실은 명확하다. 하지만 1,000원 미만이던 상품의 가격을 50% 이상 비싼 가격으로 책정한 의사결정이 최적이었는가와 새로운 프리미엄 라면의 브랜드를 수십 년간 서민을 위한 라면의 대명사로 사랑받아 온 신라면의 브랜드를 연장하여 사용함으로써 정부와 여론의 불필요한 의심을 불러일으킨 것도 안타까운 일이다.

농심사의 마케팅 부서에서 다양한 고객조사와 엄밀한 분석, 시뮬레이션을 통해 위와 같은 의사결정을 매우 신중하게 한 것으로 안다. 하지만 결과론적으로 제품이 중단됨으로써 라면은 좋아하지만 기존의 라면에서 채워주지 못하던 부분을 신라면 블랙에서 발견하고 좋아했던 많은 고객들이 또다시 기존 라면만으로 한동안 만족해야 했다. 이것은 장기적으론 제조사든 유통사든 간에 라면 시장 성장이라는 측면에서 결코 바람직한 일은 아니었다고 생각된다.

가격 싸움, 일관되게 균형있게

유통업에서 가격 전략은 매우 중요하다. 유통사의 가격 전략은 크게 두 가지로 나뉘는데 장기적인 유통사의 Position을 결정할 수 있는 선이 굵은 가격정책과 단기적인 행사나 가격인하, 시즌상품 처분세일 등의 단기적인 매출 견인 및 수익극대화를 위한 가격 및 마진 정책이 있다. 둘 다 유통사에 있어서는 매우 중요하다. 굵은 가격 정책인 장기적인 유통사의 가격정책은 바로 유통사의 상품 포트폴리오나 라인업, 매장의 인테리어 환경이나 서비스 레벨 등으로 연결된다. 프리미엄 상품을 운영하는 고가 정책을 펴면서 매장 환경이나 서비스가 싸구려라면 고객들은 실망한다. 반대로 최저가 정책을 표방하면서 매장 환경이 너무 고급스러우면 오히려 고객들은 부담스러워 할 것이다. 즉 매장의 가격정책과 상품, 환경, 서비스는 매우 섬세한 것이어서 일관된 정책에 따라 균형 있게 전개되어야 한다. 그러나 실무자로써 실제로 해보니 말처럼 쉽지 않다. 고객들은 마케터들의 분석과 조사 결과처럼 일관되고 합리적이지 않기 때문이다. 그때그때 상황과 느낌과 이슈에 따라 변하면서 숫자로 무장한 마케터들의 허를 찌르기 일쑤다.

Target의 월마트 잡기

장기적인 유통사의 가격 및 Positioning 전략을 가장 잘, 균형있게 전개해 나가는 기업을 꼽으라면 미국의 타켓(Target)을 꼽고 싶다. Target은 월마트라는 강력한 경쟁사의 위세에도 결코 밀리지 않을 자사만의 절묘한 가격과 품질, 그리고 브랜드 Position을 구축했다. 이 세상 어느 기업도 엄청난 매입 파워를 기반으로 하는 월마트와 가격으로 싸울 순 없

다. 하지만 Target 역시 할인점이기에 가격경쟁력을 포기할 수는 없다. 그 대신 월마트와는 일정한 가격 차이를 유지하면서 상품자체의 브랜드나 품질, 디자인 등을 통해 월마트 대비 살짝 높은 프리미엄으로 소비자들한테 어필하고 있다. 그렇다고 너무 프리미엄으로 가면 대중성이 떨어지므로 가장 절묘한 최적의 프리미엄과 가격 경쟁력 선을 유지한다. 또한 명확한 상품 카테고리 전략을 통해 월마트에 지는 상품과 붙어서 해볼만 한 상품을 확실히 구분해 Target의 매니아 층을 유지할 전략을 명확히 했다.

이것은 물론 Target의 MD 조직의 역량이기도 하지만 결국 Target 마케팅 조직의 훌륭한 전략에서 이루어진 것이라고 본다.

단기적 가격전략의 성공과 위험성

유통사의 단기적인 가격 전략 또한 마케팅 부서의 가장 핵심적인 미션이다. 대형마트의 경우 매장엔 적게는 1~2만 개, 많게는 7~8만 개의 상품이 있다. 그런데 이들 상품들은 단기적인 가격인하나 행사를 하게 되면 서로에게 크건 작건 영향을 미친다. 특정 상품들의 가격인하로 인해 해당상품의 갯수가 늘고 매출이 늘면 당연히 특정상품과 경쟁하는 다른 상품들의 매출은 떨어지게 된다. 고객들이 매대에서 같이 놓여있는 행사상품과 경쟁상품에서 특정행사상품을 선택하기 때문이다. 반드시 같은 품목의 상품들뿐 아니라 유사한 혹은 생필품이 아닌 경우엔 대체할 수 있는 다른 상품 혹은 한정된 지갑 사정상 세일하는 특정상품 구매를 위해 계획하였던 다른 상품군의 구매를 미루는 영향 등이 연쇄반응처럼 일어난다. 이는 결국 매장내 매출 전체에 영향을 미치게 된다. 분석에 의한 전략적 가격인하가 이루어지지 않을 경우 자칫 해당 상품의 매출은 소폭 상승할 수는 있으나 전체 매출의 감소로 이어질 수도 있다. 마치 마트의 상품들은 서로서로 얽힌 유기체와 같아서 특정 품목군의 대대적인 가격 행사에는 신중한 결정을 하여야 한다.

어떤 경우엔 뜻하지 않게 가격인하의 해당상품의 매출까지도 줄어드는 결과가 나오기도 한다. 이론적으로 50%의 가격인하를 한다면 그 상품의 매출은 두 배 이상이 되어야 이전 매출을 유지할 수가 있다. 하지만 상품이 넘쳐나고 고객의 니즈가 다양한 상황에서 반값 세일은 매출 두 배 인상을 보장해 주지 않는다. 하지만 많은 경우 제조업이나 유통사는 이러한 행사를 기존에 해오던 관행에 따라 반복하기 마련이다. 2년 전 똑같은 행사를 했을 때 매출이 두 배가 나왔다고 지금도 그럴 것이라는 과거를 기반으로 한 비과학적 예측으로, 또는 기존 매출에 얼마만 더하면 매출 목표를 달성하겠다는 위험한 판단으로 다른 대안이 없어 가격인하 전략을 펼치기도 한다.

제 살 뜯어먹기 또는 서로 뜯어먹기

이런 상황을 더 어렵게 만드는 것은 대개의 경우 해당 품목의 바이어나 MD는 항상 자신의 품목 매출만을 챙긴다는 사실이다. 앞에서 언급한 매장 내에서의 가격인하의 연쇄반응에 있어서는 관심이 적다. 때론 같은 품목 내에서 상품간의 일종의 카니발라이제이션(Cannibalization)영향에 대해서도 민감하지 못하다. 자기가 맡고 있는 제품의 가격 인하 행사로 인해 같은 회사 내 다른 품목의 판매에 부정적 영향을 줄 수도 있다는 사실을 인지하지 못할 수도 있는, 소위 제 살 깎아먹는 줄 모른다는 뜻이다. 이번 주의 해당 행사 상품 자체의 매출이 어땠는지에 대해서만 관심을 갖고 챙기는 것이다. 결과적으로 해당 품목 카테고리의 전체의 매출이 떨어졌는데도 행사 상품의 매출이 올랐다는 사실만 중요시 여기기도 한다. 이러한 전체적인 가격인하와 매출의 상관관계를 마케팅 부서가 반드시 챙겨야 한다. 이번 행사상품의 실적만 분석할 것이 아니라 전체 상품의 동향을 분석하고 특정 행사나 세일의 성과를 판단해야 할 것이다.

상품들의 미세한 움직임까지 읽을 줄 알아야 한다

그러나 몇만 개나 되는 상품의 가격 연관 관계를 체계적 시스템 없이 분석한다는 건 불가능하다. 그래서 외국의 선진 유통업체들은 다양한 가격 최적화(Pricing Optimization)도구를 활용한다. 수많은 변수들에 의한 매출과 수익의 상관관계를 분석하고 시뮬레이션을 통해 최적점을 제시하는 것이다. 하지만 아직 국내의 유통사에서 이런 선진 기법이 도입된 사례는 없다. 가격 최적화 도구는 미국이나 유럽의 시장 환경에 맞게끔 프로그램 되어 국내 마케터들에게 확신을 주지 못하기 때문이다. 또한 이러한 기법을 소개하는 솔루션회사들조차 유통 관련 전문가들이 부족한 탓에 몇 마디 대화를 나누다 보면 국내 유통의 현실을 너무도 몰라 안타깝기만 하다. 하지만 언젠가 국내 유통사들도 마케팅 부서를 중심으로 이런 과학적인 가격전략을 수립하고 운영하는 날이 올 것이다. 이를 위해서 마케터들은 좀 더 데이터에 익숙해지고 최적의 가격전략을 검증하기 위한 논리적인 사고를 기르기 위해 다양한 노력을 해야 한다. 언젠간 이런 과학적 마케팅이 무한경쟁 시장에서 우위를 점할 수 있는 또 하나의 무기가 될 수 있기 때문이다.

마케터가 알아야 할 마켓리서치 이야기

카트에 들어있는
숨어있는 답을 찾아라

마켓 리서치는 조사를 통해 나올 수 있는 방향에 대해 미리 여러 개의 가설을 설정한 다음 그 가설을 검증할 수 있는 방향으로 설계해야 한다.
그래야 그 조사를 통해 모든 마케팅 활동과 전략의 방향을 설정해줄 수 있는 실질적인 내용을 얻을 수 있다.

한번쯤 해 봤을법한 생활 속 질문

Q. 우리가 아는 다양한 통계의 수치는 과연 믿을만 한 수준인가?

Q. 과연 소비자들은 설문에 진실만을 이야기 할까?

Q. 조사를 한 결과에 따라 실행을 했는데도 때로는 결과가 정반대로 나오는 걸까?

기업, 세상의 목소리에 귀를 기울이다

많은 기업들이 고객 중심, 마케팅 중심의 기업으로 거듭나면서 주목받고 늘어나는 업무 중 하나가 마켓 리서치 업무다. 그동안 기업의 입장, 효율의 차원에서만 경영을 해 오던 것에서 탈피하여 고객의 실제 목소리를 듣고, 시장 자체가 어떻게 돌아가는지, 자사의 상품과 서비스에 어떻게 반응하는지 등을 알고 그것을 경영에 반영하려는 기업의 욕구가 늘어나고 있는 것이다.

관련된 인력과 예산도 늘어서 웬만한 소비재 대기업의 마켓 리서치 비용은 기본적으로 연간 10억 원을 넘는다. 글로벌 기업인 삼성전자의 경우 세계적으로 얼마나 되는 금액을 비용으로 쓰는지 집계조차 하기 힘들 정도다. 추측컨데 아마도 수백억 원 이상을 시장과 고객의 목소리를 듣는데 쓸 것이다.

이런 투자와 노력이 삼성전자를 지금의 위치로 만들었다고 해도 과언은 아니다. 하지만 실제로 마케팅 실무를 담당하는 입장에서 대다수 기업의 마케터들이 얼마나 마켓 리서치를 효율적으로, 전략적으로 활용하는 지는 의문이다. 왜냐하면 리서치의 가치는 단순히 숫자와 그래프로 장식된 결과만 보는 게 아니라 그 결과를 얼마나 심층적으로 분석하고 이해하여 숫자 이면 및 행간의 의미를 감지하는 게 중요하기 때문이다.

경영층의 마인드가 바뀌어야 한다

대다수 마케터들이 리서치 회사에 외주를 주고 있다. 그러면서 리서치 회사에 본인들의 입맛에 맞는 보고서 형식을 요구하고 심지어 자신들의 보고서에 넣고 싶은 몇몇 결과, 숫자만을 부각시켜 활용하는 경우가 흔하다. 이를테면 조사를 위한 조사를 하는 것이다. 그러니 무슨 소용이 있겠는가?

마케팅 리서치의 전체 틀을 보고 그 조사의 목적과 도구, 그리고 그 결과의 의미까지 꼼꼼히 분석할 줄 아는 마케터가 지금 과연 얼마나 될지 의문이다. 물론 마켓 리서치의 결과를 맹신하고 그 결과를 기업의 중요 의사 결정에 반영하는 것도 위험이 따른다. 여기에 또 다른 문제는 고위 경영층들이 본인들의 경험이나 생각의 방향과 조금이라도 상반 되는 결과가 나오면 리서치 결과 전체를 불신하고 쓸데없는 짓 했다고 나무란다는 것이다.

또 본인들의 생각과 일치되는 결과가 나오면 새로울 것 없는 뻔한 조사를 왜 했냐며 리서치 자체를 무시한다. 이런 상황이 반복되면 마케터는 윗분들의 입맛에 따라 짜 맞추기 조사를 할 수 밖에 없다. 시장과 고객에 대한 파악을 위한 조사의 명분은 실종되어진 채 말이다. 2000년대 초반까지의 고도 성장기에 영업을 하던 지금의 경영층은 솔직히 지금의 마켓 리서치와 같은 복잡한 프로세스가 필요 없었다. 고객의 니즈를 신제품이나 새로운 서비스로 기업 마음대로 얼마든지 이끌어 낼 수 있었다. 고객의 니즈를 따라 상품을 개발하는 것이 아니라 새로운 기술이나 이슈를 따라 만들면 소비자가 따라오는 상황이었던 것이다.

이런 마케팅 경험을 가진 경영층에게는 너무나 다양한 선택의 폭을 가진데다 복잡하고 까다롭기까지 한 고객의 입장을 들어야 한다는 현실과 그 방법의 수용이 어렵기만 한 것이다. 또 경영자와 리더의 입장에서 고객들의 Needs와 Wants는 급속도로 다양해지고 앞서가는데 기업의 수많은 분야에서 그것을 못 따라가서 발생한 차이와 현실적인 문제를 확인하는 것 자체가 고통스러울 수 있다. 그럼에도 불구하고 고객과 마켓 중심 기업으로 방향을 정하고 전략적으로 그것을 추구하는 이상 다양한 마켓 리서치를 상황과 현실에 맞게 도입하고, 그 결과를 기업의 크고 작은 의사결정의 나침반 역할을 할 수 있도록 해야 한다는 것을 받아들여야 한다. 무엇보다 경영층의 용기와 결단이 필요하다.

효과적인 리서치 노하우의 중요성

그럼 이제 마케팅 조직에서 마켓 리서치를 효과적으로 진행하고 전략적으로 활용할 수 있는 몇 가지 방법을 소개하겠다. 일단, 기본적으로 기업이 갖고 있는 다양한 마케팅 Value chain에 맞는 마켓 리서치의 종류를 정하고 비용과 시간을 고려해 효율적으로 실행할 수 있는 프로세스를 사전에 설정해야 한다. 물론 웬만한 국내 소비재 대기업들은 이런 프로세스를 잘 정의하고 효율적으로 하고는 있긴 하지만 P&G나 코카콜라 같은 글로벌 기업들과는 현저한 격차가 존재하는 것이 사실이다. P&G는 단순히 리서치를 잘하는 기업이 아니라 리서치의 결과를 어떻게 기업의 모든 프로세스에 잘 접목하고 활용해서, 성과를 창출하고 어떻게 그 성과를 측정하는지에 대한 노하우가 확실하게 자리 잡은 기업이기 때문이다. 그래서 P&G를 마케팅 사관학교라고 부르며 P&G 마케팅 출신들이 국내 소비재 기업의 스카우트 1순위가 되는 것이다.

Value Chain과 리서치

 마케팅의 Value chain이라 하면 기업에 따라 다르겠지만 크게 1.고객 분석, 2.마켓/상권 조사, 3.상품개발 및 운영, 4.브랜드 커뮤니케이션으로 나뉜다.

 1.먼저 고객 분석을 위해서 기업들은 다양한 마켓 리서치를 진행 한다. 일반적으로 고객 세분화를 위한 고객군의 라이프스타일 조사는 필수적이다. 왜냐하면 자사의 상품이나 매장을 찾는 고객들의 특성이나 라이프스타일을 미리 나누고 각 특성을 상품에 입혀 넣으면 나

중에 영업의 상황이 변하는 주된 원인을 분석할 때 그 요인 중 하나로 고객군의 변화로 판단할 수 있기 때문이다.

2. 마켓이나 상권조사도 마케팅 부서의 기본 역할이다. 새로운 점포를 출점하거나 제조업에서 새로운 국가나 시장에 진출할 때 해당 지역 및 상권 고객들의 연령, 소득 수준, 라이프스타일 등에서부터 경쟁사의 현황 및 미래 상권의 변화 예측 등 필수적으로 알아야 할 사항들이 많다. 조사 방법은 주로 길거리나 교통량이 많은 곳에서 개별 인터뷰나 설문 형식으로 이뤄지는 경우가 많다. 이때 무작위로 설문 가능한 고객과 인터뷰를 할때 하는 것이 아니라 사전에 해당 상권의 고객 분포에 관한 통계청 자료 등 믿을만한 1차 조사 자료를 참조해서 해야 한다. 이를 바탕으로 미리 성별, 연령별, 지역별로 고객 샘플 수를 정의해 조사 지역의 성향을 최대한 반영해 통계 결과가 나타날 수 있도록 해야 한다.

3. 상품개발을 위한 리서치는 제조업에선 가장 중요한 리서치다. 크게 제품 생산의 사전과 사후 조사로 나눌 수 있다. 사전조사는 상품을 위한 아이디어 개발 차원에서 유사하거나 경쟁사의 상품 구매 경험이 있는 고객들에게 양적 연구방법인 서베이를 하거나 혹은 질적 연구방법 중 하나인 FGI(Focus Group Interview)를 할 수 있다. 이런 방법들을 통해 고객에게 잠재되어 있는 Needs를 도출하거나 기업이 기본적으로 갖고 있던 아이디어나 기획방향에 대해 검증할 수 있다. 사후 조사는 개발된 상품을 출시하기 전에 마지막으로 검증하고 개선하며 마케팅이나 광고의 포인트를 도출하기 위한 과정이다. 식품의 경우엔 맛이 어떤지, 경쟁사 대비 가격 설정을 어떻게 할지, 비식품의 경우엔

일정기간을 사용해보고 효능은 어떠한지, 부작용은 없는지 등을 심층 분석해야 한다. 이 과정에서 가장 중요한 것은 고객들의 말과 언어의 진위를 잘 파악하는 것이다. 특정 기업의 인터뷰나 설문에 응할 때 매장 밖에서의 고객의 생각 및 행동과 매장 내에서 제품을 구매할 때의 고객의 생각이나 행동은 많이 다르기 때문이다. 리서치는 마케터의 서재와 책상에서 시작한다. 자신이 갖고 있는 책과 늘 보는 신문, 그리고 인터넷을 이용한 관련 지식의 축적과 검토는 본격적인 리서치에 앞서 방향을 제시한다. 또 자신이 얻으려하고 알려하는 조사결과를 비슷한 시기에 누군가 했다면 그 결과를 유용하게 활용할 수 있어야 한다. 마케터는 자신이 원하는 정보와 지식이 무엇이고, 어디에 있고, 어떻게 찾아야 하는지를 본능적으로 알 수 있어야 한다.

뉴 코크의 뼈저린 실패

겉 다르고 속 다른 고객들로 인해 엄청난 손실과 낭패를 본 유명한 case가 코카콜라의 뉴 코크(New Coke)다. 코카콜라는 1980년 초반 펩시의 새로운 마케팅 전략 때문에 고생했다. 펩시는 눈을 가리고 하는 blind test를 통해 실제로 고객들은 코크의 톡 쏘는 맛보다 펩시의 달콤한 맛을 더 선호 한다고 광고를 했고 실제로 이런 전략은 먹혀 들어가 펩시는 맹렬히 코카콜라를 추격했다. 이에 코카콜라는 1985년, 드디어 펩시처럼 달콤한 맛이 나는 뉴 코크를 개발해 야심차게 출시한다. 동시에 기존의 클래식 콜라를 단종 한다. 이런 기업의 운명을 건 중요한 의사결정을 위해 아마도 코카콜라의 마케팅 부서는 천문학적인 비용을 들여 수많은 고객리서치를 수행했을 것이다. 그리고 수 많은 고객들은 설문이나 인터뷰, blind test 과정에서 "새로운 맛의 뉴 코크가 더 좋다.","이젠 과거의 콜라는 식상하다."고 메시지를 줬을 것이다.

하지만 그 결과를 믿은 결말은 참담했다. 정작 뉴 코크를 출시하고 클래식 콜라를 단종하자 고객들의 반응은 싸늘했다. 상당수의 고객들은 기존에 자신들이 마시던 클래식 콜라를 다시 생산하라고 항의하기에 이르렀던 것이다. 이 과정을 통해 코카콜라의 마케팅 부서, 그 중에서도 고객 리서치를 담당하던 사람들은 고객의 말과 행동의 불일치함, 비일관 됨에 대해 배웠을 것이다. 어쩌면 꼭 해야 하지만 빠진 질문이 있었을지도 모른다. 그래서 뉴 코크의 달콤함은 새로운 경험이고 가끔 즐길 수 있는 일탈의 즐거움 알 수 있지만 콜라를 물처럼 마시는 미국인들의 특성을 고려할 때 어릴 때부터 마셔온 자신의 분신과도 같아, 그 감사함을 표현 못했던 고객들의 마음을 읽어 내지는 못한 누를 범했던 것이다.

4.브랜드 커뮤니케이션의 과정 중에도 많은 리서치를 하게 된다. 자사 기업이나 특정 상품 브랜드의 이미지가 어떤지 끊임없이 살피고 조사할 필요가 있다. 왜냐하면 브랜드라는 것은 사람의 얼굴과도 같아서 매일같이 수시로 씻고 화장하고 가꾸지 않으면 다른 얼굴과 다를 바 없이 평범해지거나 초췌해지기 마련이다.

또 우리의 얼굴인 브랜드가 얼마나 사랑받고 있는지, 특히 어떤 고객군에게 선호되고 비선호 되는지도 알아야 한다. 새로운 상품이 나오면 Naming, 즉 이름을 짓게 되는데 이때도 고객 리서치를 한다. 개발된 이름이 상품의 이미지에 맞는지, 최근의 트렌드나 사회적 이슈에 적합한지, 사람들 입에 오르내리기 쉽게 발음 되는지, 시각적 디자인으로 만들기는 어떤지 등을 조사를 통해 정한다. 그리고 이렇게 정해진 브랜드 속성과 이미지 등에 따라 각종 광고매체에 집행할 광고의 콘셉을 설정하고 제작하게 된다.

조사하는 것도, 해석하는 것도, 적용하는 것도 마케터의 몫

앞에서 간단히 언급한 많은 마켓 리서치 사례들 외에도 마케팅의 Value chain 과정 속에는 마케팅 부서가 수행해야하는 고객 및 마켓 리서치는 많다. 이러한 마켓 리서치들을 수행함에 있어, 마케터들이 절대로 잊지 말아야 할 것은 이런 리서치 결과들이 결코 최종 의사결정으로 바로 이어지는 것이 아니라 마케터들이 창의적인 사고나 발상을 할 수 있게 하는 단초만 제공해 줄 뿐이라는 사실이다. 정치 선거에 있어서는 투표 집계에 따른 득표율 자체가 결과이자 최종적인 의미지만 기업의 마케팅 의사결정을 마켓 리서치의 결과에 의존한다는 것은 극히 위험한 일이다. 앞의 사례에서 보듯이 고객들은 자신의 깊숙한 속마음을 단순한 질문 몇 개에 모두 드러내지 않기 때문이다. 그러므로 마케터들은 어떠한 리서치를 하든지 자신의 머리 안에서 깊은 고민과 시뮬레이션을 해 조사를 통해 도출할 결과들을 판단할 가설들을 미리 설정해야 한다.

대부분의 경우 마켓 리서치를 리서치 전문회사들과 진행할 때 많은 실무자들이 대강의 리서치 주제만 언급하고 알아서 잘 해달라고 부탁하곤 한다. 포괄적이면서도 아주 디테일한 결과를 얻을 수 있도록 조사 방식도 설계해 달라고 한다. 리서치 회사가 디테일하게 조사하기 위한 설문지나 인터뷰 내용이 많아지면 비용을 고려하여 줄이라고 하면서도 계속해서 구체적인 질문을 포괄적으로 하자고 한다. 몇 장 되지않은 설문을 통해 어떻게 폭넓고 디테일한 내용을 동시에 조사할 수 있을까? 포괄적이면서 세부적일 수 있을까? 어리석으면서도 초보적인 실수다. 마케터의 창의적이고 감각적인 이해도를 바탕으로 이 조사를 통해 나올 수 있는 방향에 대해 가설을 여러 개 설정하고 그 가설을 검증할 수 있는 개념과 문항으로 조사를 설계해야 한다. 물론 미리 가설 설정을 통해 리서치의 범위와 영역을 한정시켜 놓는다는 게 위험할 수도 있다. 하지만 그렇게 해야만 리서치 결과를 가지고 단순한 보고서의 몇 자 혹은 몇 페이지 들어갈 수 있는 내용이 아니라 모든 마케팅 프로세스와 전략의 방향을 설정해줄 수 있는 실질적인 내용을 얻을 수 있게 되는 것이다.

리서치 : 일회성 데이터를 넘어 축적되는 지식으로

마케팅의 기업 내 위상이 올라가면 올라갈수록 마켓리서치의 목소리를 경영층이 귀 기울이게 될 것이다. 그리고 기업에서 할당해주는 예산이나 비용도 많아질 것이다. 하지만 아직까지 마케팅 부서 내에서도 마켓리서치를 100% 잘 수행하고 최적화 할 수 있는 프로세스나 전문가의 필요성에 대한 인식은 매우 부족하다. 그래서 많은 내용들이 중복되고 때론 서로 대치되는 결과가 나오기도 한다. 또 그동안 해보지않던 조사를 했다는 명분만 존재 할 뿐 그 상세한 내용은 아무도 모르는 경우도 허다하다. 그리고 리서치 했던 결과들은 보고만 끝나면 누군가의 책상 서랍에 들어가 먼지만 쌓이게 되고 데이터화하고 축적하여 조직의 지식으로 승화해서 활용하는 기업은 많지가 않다. 앞서 언급했던 삼성전자의 경우엔 이런 문제들을 해결하기 위해 글로벌마케팅 조직 내에 MI(Marketing Intelligent)라는 전문조직과 직군을 만들고 그 전문성을 확실하게 인정하고 키워가고 있다. 이러한 전문성을 갖춰 간지 10년 가까이 되었기 때문에 아마도 삼성전자엔 그 10년간의 다양한 모든 리서치들의 노하우와 데이터들이 엄청나게 쌓여있고 지금은 모든 마케팅 프로세스 내에 이러한 지식이 효율적으로 접목되고 있을 것이다.

이러한 변화는 하루아침에 이루어지는 것은 아니다. 사람들은 자신들이 보지 못했던 많은 새로운 것에 대해 열망하고 기대하면서도 정작 새로운 시야가 주어지면 적응하고 받아들이는데 많은 시간이 걸리고 때론 반발한다. 특히 과거의 성공경험이 많고 자신들의 지혜에 자신감을 가지고 있는 경영층일수록 더 그렇다.

모든 마케팅 프로세스의 시작은 거창한 마켓리서치는 아니더라도 크고 작은 고객과 마켓의 실질적인 목소리를 듣는 것에서부터 출발해야한다. 그러나 더욱 명심하여야 할 것은 이러한 실질적인 목소리들은 제대로 보고 들을 수 있는 눈과 귀 그리고 열린 마음의 준비를 갖춘 사람과 조직에게만 의미가 있다는 것이다.

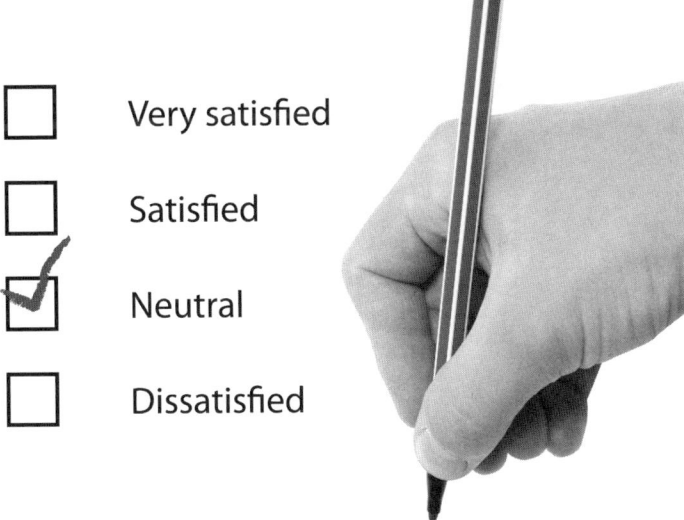

마케터가 알아야 할 서비스 이야기

소비는 오감의 경험이다

과거 고객 서비스는 고객 문의에 응대하고, 불만을 처리하는 수준의 수동적 역할에 머물렀지만 최근에는 모든 접점과 상황별로 고객 경험을 분석하고 이를 바탕으로 고객에게 감동까지 선사할 수 있는 '고객경험관리'가 요구되고 있다.

한번쯤 해 봤을법한 생활 속 질문
Q. 왜 월마트는 그동안 수십년 사용해 오던 로고를 바꿨을까?
Q. 왠지 가면 기분 좋아지는 매장과 기분 나빠지는 매장의 차이는 뭘까?

고객 만족시키기, 한도 끝도 없다?

유통업과 제조업에서 고객 서비스는 아무리 강조해도 지나치지 않는 중요한 요소다. 아무리 지속적으로 좋은 상품을 좋은 가격에 제공하더라도 고객 서비스 상황에서 단 한 번의 실수가 고객을 하루아침에 적으로 변하게 할 수도 있다. 적이 된 고객은 발길을 끊는 것은 물론이고 주변의 지인들까지 동지로 포섭한다. 결국 브랜드와 매장의 부정적인 이미지는 메마른 들판에 난 불길처럼 번지기 마련이다. 특히 요즘 같이 SNS를 통한 실시간 소통이 가능한 시대에는 얼굴을 모르는 수백, 수천 명의 사람에게까지 부정적인 이미지는 빠른 속도로 다수에게 전달된다. 기업과 매장, 브랜드에 심각한 타격이 아닐 수 없다. 물론 그 반대의 경우도 마찬가지다. 고객이 서비스에 만족하면 그 고객은 열렬한 전도사가 된다. 그 전도사는 기업의 광고보다 더 직접적으로 주변 사람들에게 영향을 미쳐 주변 지인들을 기업과 제품, 브랜드의 '신도'로 만든다. 기업의 이익에 보탬이 되는 건 당연하다.

하지만 이걸 알면서도 기업 입장에서 고객 서비스는 애매하고 어려운 영역이다. 고객들의 요구는 점점 다양해지고, 그 수준은 계속 높아만 져서 지속적으로 투자를 한다는 게 어찌보면 밑 빠진 독에 물 붓는 것 같을 수 있다. 또 아무리 노력하고 투자한다 해도 늘 불만을 가진 고객은 존재하기 마련이다. 그렇다고 손 놓고 있자니 고객의 반응이 무섭다. 그래서 겉으로 고객 제일을 외치며 고객 서비스가 중요하다고는 하지만 실제로는 최소한의 비용과 노력을 투자한 후 고객의 불만이 터지지 않기만을 바라는 게 현실이다. 이렇게 계륵과도 같은 취급을 받다보니 고객 서비스 관련 부서가 기업 내에서 위상이 높을 리가 없다. 불경기가 계속되거나 기업의 매출과 수익이 줄어들면 다른 어떤 부서보다 고객 서비스 관련 부서가 가장 영향을 많이 받기 마련이다.

고객 서비스의 두 영역

고객 서비스는 크게 두 가지로 나눌 수 있다. 하나는 능동적(Proactive)

서비스, 다른 하나는 수동적(Reactive)서비스다. 능동적인 서비스는 사전에 실행되는, 선행적인 서비스다. 기업, 제품, 브랜드와 고객의 모든 접점[5]과 그와 관련 모든 프로세스를 분석해 고객 만족도를 올릴 수 있는 다양한 방식과 개선점을 사전에 모색하는 것이다. 그래서 필요한 새로운 서비스는 개발하고 잘못된 서비스는 개선해서 최적의 고객만족도를 추구하는 것이다. 반면 수동적인 서비스는 대개의 경우 콜센터나 고객불만센터 등을 운영하면서 고객의 요구에 반응하고 문제만 해결하는 서비스다. 물론 많은 기업들이 후자의 수동적인 서비스에 대해선 꼼꼼한 프로세스와 체계적인 조직을 갖추고 있지만 전자의 능동적 서비스에 대해선 손을 놓고 있는 실정이다.

왜 그런가하는 이유는 여러가지가 있겠지만, 일단 고객 서비스 영역과 마케팅과의 영역 분리에서 찾아볼 수 있다. 조직도 완전히 분리되어 있고, 상호간에 시너지보다는 오히려 분쟁이 많이 발생한다. 왜냐하면 마케팅 부서가 부지런히 상품을 출시하고 관련 프로그램이 많아지면 수동적 고객 서비스 부서의 일은 많아지고 복잡해지기 때문이다.

5) 접점, 영어로는 Contact Point다. 야구나 테니스 등에서 공이 배트나 라켓에 가장 정확히 맞아 가장 멀리 날아갈 수 있는 지점을 의미하기도 한다. 이 지점을 다른 말로 Sweet Spot이라고도 한다. Sweet Spot을 경제학에서는 가장 호황인 시절, 경영학에서는 고객이 기업이나 브랜드에 대해 가장 호감을 갖는 시점을 의미한다. 다시 말하면 고객과 제품, 브랜드, 기업이 만날 수 있는 모든 상황, 미디어, 이미지, 메시지 등을 통 털어서 접점이라고 보면 된다. 그래서 접점은 고객의 라이프스타일에 따라 얼마든지 다양해 질 수 있다. 이 접점을 정확하게 찾아, 기업이나 브랜드가 고객과 지속적이고 일관되게 커뮤니케이션 할 수 있다면 바로 그 지점, 그 순간이 고객의 마음을 울리는 Sweet Spot인 것이다.

또 마케팅 부서는 매출, 이익, 시장점유율(Market Share) 등이 주요 KPI[6]이지만 고객 서비스 부서의 KPI는 고객 불만건수나 관련 비용 등이어서 마케팅과 영업하고는 상관관계가 없다고 생각할 수도 있다.

360° 고객 서비스 : 고객경험관리

최근의 마케팅 트렌드는 능동적인 고객 서비스 영역을 마케팅의 주요 영역으로 받아들이고 있다. 그래서 적극적으로 기업의 모든 접점 및 상황에서 고객의 경험을 분석해서 궁극적으로 긍정적이고 감동적인 경험을 선사하기 위한 구체적 프로세스를 설계하고 있다. 이러한 프로세스를 고객경험관리(CEM, Customer Experience Management)라고 부른다. 유통업이건 제조업이건 고객은 제품과 브랜드에 대해 일상 속에서 다양한 경험을 하게 된다. 그리고 이 모든 경험의 만족도와 감흥, 이미지가 기업의 선호도로 연결 된다. 그러나 전통적인 고객 서비스 즉, 수동적인 서비스만 고집하는 조직에서는 이런 총체적인 고객 경험을 디자인하고 관리할 수 없다. 고객의 총체적인 경험은 그야말로 총체적이다. 할인마트를 예로 들어보자. 고객이 집이나 외부에서 광고 주요 매체인 전단, DM, 옥외, 인터넷, 모바일을 시작으로 먼저 시각적 경험을 하게 된다. 그리고 매장으로 오는 동안의 경험, 매장 주차장에서 매장에 들어갈 때까지 경험. 그리고 매장 안에서 쇼핑을 마치고 나갈 때까지 경험의 연속이다. 이런 모든 사소한 경험 하나 하나가 브랜드 자극이 되어 고객의 오감을 자극시키고 브랜드에 대한 총체적인 경험을 갖게 하는 것이다. 마케팅 부서는 이 모든 것들을 꼼꼼히 조율하고 디자인 할 수 있어야 된다.

Key Performance Indicator/Index, 직역하면 핵심성과지표, 기업차원에서 다룰 땐 경영평가지표로, 직원 평가 차원에서는 직무별 성과지표 정도로 해석하면 된다. 단순히 재무적인 숫자부터 시작해서, 일하는 과정에서의 참여도, 추진력, 인성, 향후 발전 가능성 등 다양한 척도를 종합해 사용한다. 기업의 성격과 평가의 방향에 따라 구체적 내용은 달라질 수 있다.

특히 매장에 들어와서의 경험은 가장 중요하다. 진열의 효율성과 아름다움, 원하는 상품을 찾는 데 있어서의 용이함, 시식과 증정 등의 행사, 직원들의 응대, 업무 태도, 계산대에서의 기다림, 교환과 환불 과정에서의 대화, 그 밖에 주차요원 및 매장 내외의 모든 직원들의 친절함과 상황대처 능력, 심지어 매장 내의 향기와 인테리어, 음악, 각종 광고까지 모두 브랜드 경험이다. 또 매장을 떠나서 집으로 돌아갈 때까지의 과정, 향후 A/S, 물건을 사용하면서 느끼는 감정까지도 브랜드 경험이다. 이것을 일관되게 조율한다는 것은 마치 지휘자가 오케스트라를 완벽하게 통제하는 것과도 같다. 서로 다른 역할을 하지만 궁극적으로 하나의 음악을 연주하고 청중은 하나의 감동을 받게 되는 것이다. 그래서 이것은 단순한 기계적 설계, 효율성을 최우선에 둔 정의가 아니라 고객의 삶과 문화를 분석해서 그 특성에 맞게 실행되는 일종의 종합적인 디자인이다.

고객경험 관리에 탁월한 힐튼호텔

호텔업계 또한 고객의 경험이 가장 중요한 업계 중 하나다. 힐튼 호텔은 CEM의 관점에서 모든 고객 서비스 요소들을 개선하기로 하고 고객이 자사와 만나는 수천 가지의 접점을 완전히 재분석했다. 전화나 인터넷 예약, 여행사를 통한 예약, 브랜드 커뮤니케이션, 영업과 고객관리 커뮤니케이션, 도착과 객실에 대한 첫인상을 포함한 체크인 과정, 모닝콜과 메시지 전달, 객실 내에서의 접객, 멤버십 고객 선정과 등록 과정에서의 커뮤니케이션, 고객 지원, 룸서비스, 호텔 프론트, 비즈니스 서비스 센터 등 수많은 요소들이 이에 포함 됐다. 그리고 이러한 분석결과에 근거해 여러 주요 접점을 고객의 선호와 요구 사항, 중요도에 근거해 단계별로 재설계했다. 이전의 고객 데이타베이스만으로 움직이던 시스템을 완전히 바꿨다. 다양한 고객 리서치와 FGI(Focus Group Interview)를 통해 고객들이 원하는 실제적인 내용들을 파악했다. 객실 디자인이나 욕실 설계, 가구배치부터 브랜드를 알리는 광고와 기업광고의 메시지도 조사결과에 따라 통합적으로 디자인했다. 힐튼 호텔은 이 과정을 통해 고객만족도를 75%, 첫 고객 재 이용률을 10%, 힐튼 계열 호텔 간의 교차 투숙율을 5% 높이는데 성공했다. 힐튼 호텔을 만나는 고객, 특히 VIP 고객들은 힐튼이 자신이 원하는 바에 대해서 아주 잘 알고 있으며, 단순히 돈을 내는 사람이 아니라 정성스럽게 모셔야 할 고객으로 여기고 있다는 것을 피부로 느끼게 된 것이다.

AVIS 렌터카는 어떻게 1등이 됐나?

에이비스(AVIS) 렌터카는 고객들이 자동차를 빌리는 모든 과정을 면밀히 관찰하고 분석해서 서비스 영역을 혁신해서 고객의 경험을 획기적으로 개선한 사례로 유명하다. 90년대 중반까지 미국의 렌터카 업계는 에이비스, 허츠, 내셔널 등이 각축을 벌이고 있었다. 그 중에서 에이비스는 경쟁사들에 비해 고객 만족도 점수가 지속적으로 하락하고 전체적으로 영업도 위축 됐다. 렌터카 비즈니스는 결국엔 자동차를 빌려주는 단순한 모델이므로 고객의 서비스 경험은 영업 결과로 바로 연결 될 수 있다. 에이비스는 고객만족도 점수 하락의 원인을 파악하기 위해 고객의 자동차 렌트 경험을 하나하나 분석하였다. 분석 결과 고객들의 자동차를 렌트 과정을 100단계로 구분할 수 있음을 발견했다. 이 결과를 바탕으로 각 단계별로 프로세스를 정의하고 그 만족도를 고객들과 인터뷰를 통해 분석했다. 하나하나의 단계에서 문제점과 개선점이 발견되면 집중적으로 개선하였다. 예를 들면 고객들이 렌트하는데 걸리는 시간에 불만족이 크다고 밝혀지자 회원 우대서비스 프로그램을 도입했다. 우대 회원에 대해서는 공항에 있는 렌터카 신청부스를 들리지 않고도 차를 바로 배정받을 수 있도록 한 것이다. 또한 차를 되돌려주는 장소 입구에 비행기 출발 시각표를 볼 수 있는 모니터를 설치해 시간에 대한 스트레스를 줄였다. 그 외에도 수많은 불만족 요소들을 발굴해 개선하는 적극적이고 선행적인 노력을 통해 90년대 후반에 이르러는 업계 경쟁사들을 물리치고 고객만족도 조사에서 업계 1위를 달성했다.

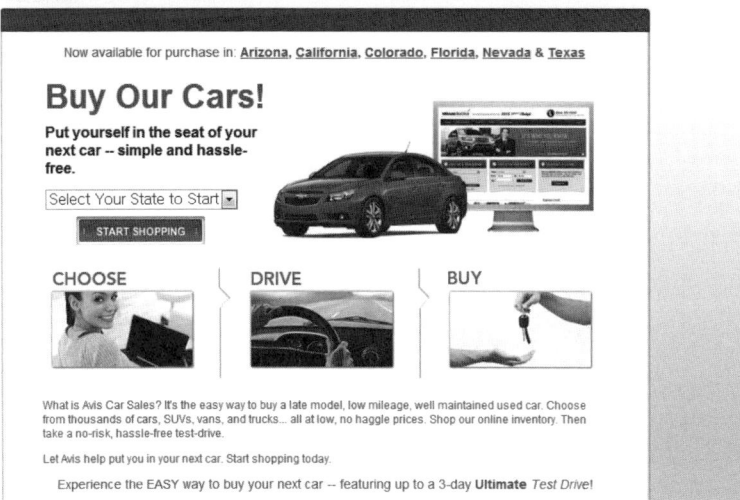

월마트, Target을 신경 쓰다

　유통업은 다른 어떤 업계보다 고객 서비스가 중요하다. 앞에서 언급한 대로 미국의 월마트도 2000년 중반에 타겟(Target)이라는 무시못할 경쟁사의 거센 도전을 받았다. 전체 비즈니스 규모에 큰 차이는 있었지만 성장률과 이익률 차원에서는 오히려 뒤처질 정도의 엄청난 파워를 지닌 도전자와 직면하게 된 것이다.

　그동안 월마트는 EDLP(Every Day Low Price)의 철학으로 최저가의 상품을 통해 고객들의 부담을 가볍게 해주는 것을 최우선으로 삼았고, 그것이 고객들이 진정으로 원하는 것이라고 판단했다. 이를 위해서는 LCO(Low Cost Operation)가 중요하며 비용을 줄이기 위해서는 고객 서비스 등은 크게 염두해 두지 않았다. 고객들이 다소 쇼핑하는데 불편하고 매장에서 직원을 찾기가 어렵더라도 최저가의 상품으로 고객들을 만족시키면 된다고 생각한 것이다. 하지만 월마트가 간과한 것은 고객들은 좋은 상품을 싸게 샀다는 사실뿐만이 아니라 '내가 가는' 월마트라는 매장의 전체적인 느낌, 이미지 그리고 브랜드 가치까지 연결시켜 총체적인 경험으로 받아들인다는 사실이었다.

　월마트의 낮은 가격은 선호하지만 결국엔 낮은 가격 상품이라는 것이 싸구려 중국산 상품이고 그 상품은 중국이나 제3국의 노동자와 어린이를 착취한 상품이라는 불편한 진실, 그리고 딱딱한 매장분위기와 상품 위치를 물어보기 위해 직원을 찾는 것이 상품을 찾는 것보다 오히려 더 어려운 상황들, TV 광고나 신문, 전단 등도 저급 용지를 사용해 오로지 싸다는 것만 강조하는 단순한 메시지. 이 모든 것이 월마트를 애용하는 고객으로 하여금 자신들 마저도 싸구려에 저가 인생으로 느끼게 하는, 부정적인 경험을 갖게 했던 것이다.

  이에 반해 타겟은 자사를 프리미엄 할인점으로 위치 설정을 하고 월마트의 이런 약점을 공격했다. 의류와 생활용품에 유명 디자이너와 연계하여 브랜딩을 하고, 비록 할인점 상품이지만 품격이 있는 가치 상품으로 포장했다. 월마트에 비해 가격 경쟁력은 없지만 매장 이미지에서부터 상품 패키지까지, 생일이나 추수감사절 선물을 살 때 월마트에서 사면 부끄럽지만 타겟에서 산 선물은 자랑스럽게 친구에게 줄 수 있다는 고객의 생각과 경험이 타겟이 월마트를 위협할 수 있는 요소가 됐다.

  물론 2008년 리먼 사태 이후 삶의 여유가 없어진 미국인들이 다시 월마트로 몰려가긴 했지만 요즘 다시 생활 형편이 나아지면서 다시 타겟으로 발길을 돌리고 있다. 고객들은 자신을 월마트 애용자가 아니라 타겟 애용자라고 Positioning하고 싶기 때문이다. 이러한 상황을 개선하고자 월마트도 2000년대 후반부터 마케팅 부서가 주도하는 프로젝트 임펙트(Project Impact)라는 엄청난 혁신 작업에 돌입했다. 월마트도 CEM의 차원에서 모든 고객들의 경험들을 분석하였다. 고객경험지도(CEM, Customer Experience Map)을 작성하여 고객들이 월마트를 경험하는 모든 요소들을 분석해 긍정적인 면과 부정적인 면들을 찾아냈다. 그래서 긍정적인 면은 부각시키고 부정적인 면은 과감히 고쳤다. 그 결과 월마트는 과감하게 수십 년 간 사용하던 남성적이고 딱딱한 기업 CI를 소프트하고 여성적으로 바꾸고 매장 인테리어도 곡선과 감성적인 면을 강조한 디자인으로 바꿨다.

  이를 통해 고객들이 월마트에서 쇼핑에 자부심을 느낄 수 있게 했다. 뿐만 아니라 상품도 혁신하고 과감하게 과정도 혁신해서 그 동안의 LCO 기조는 유지하면서도 고객 서비스 요소에 대한 비용도 과감히 투자했다. 고객과의 Communication 채널도 온라인이나 모바일 등 최근의 트렌드를 반영해 확장했고, 금융이나 통신 등 기타 부가 Retail서비스도 강화해 쇼핑 외적인 부분에서의 고객 만족도를 올리고자 하였다.

소비는 감정이다

과거의 마케팅과 경제학 이론에서 사람과 고객한테는 심장이 없었다. 오로지 가격과 품질을 객관적으로 검토해서 제품을 구매하는 이성적인 존재였다. 그러나 지금 현실에서 보여지는 고객은 브랜드가 가진 이미지, 광고에서 보았던 친근한 모델의 모습, 친절한 매장 직원, 편리한 주문시스템, 반품이나 환불 과정에서의 받은 인상, 간간히 날아오는 DM이나 광고지의 느낌, 어쩌다 발생하는 불평이나 불만 상황에서의 회사의 대처능력 같은 수많은 경험에 영향을 받아 '감성적'으로 제품을 구매한다. 가격과 품질만 갖고 승부하는 시대는 지났다. 이성이 아닌 감성으로, 수치가 아닌 감동으로 고객에게 접근해야 소비자의 선택을 받을 수 있게 되었다.

이제는 고객 서비스 영역을 총체적 고객의 경험관리, 즉 CEM의 영역으로 확대해야 한다. 고객 서비스 부서 역시 기존의 소극적이고 수동적인 업무가 아닌 능동적이고 선행적으로 고객에게 감동의 경험을 선사하는 기업 내 핵심 업무로 전환시켜야 할 것이다. 이러한 활동에 마케팅 부서가 핵심 역할을 담당해야 한다.

월마트의 예처럼 Customer Experience Map을 정의하는 작업부터 각 요소별 고객 경험에 대한 조사, 이를 기반으로 한 고객 경험의 재정의와 개선점 도출 등과 혁신은 마케팅의 결정과 방향 설정이 없으면 불가능한 것들이다. 왜냐하면 궁극적인 브랜드의 이미지와 광고, 매장 및 상품의 이미지와 가치, 가격, 다양한 프로모션이나 고객만족을 위한 이벤트나 활동까지도 마케팅 부서에서 총괄하여 일관되게 운영이 돼야 총체적인 고객 감동으로 이어질 수 있기 때문이다. 어쩌면 마케팅이 할 수 있는 모든 업무의 총체적인 결과가 고객 서비스 즉 CEM이라고 해도 과언이 아닌 시대인 것이다.[7]

7) 이런 맥락에서 1990년대 이후 IMC(Integrated Marketing Communication)가 주목 받고 있는 지도 모른다. 통합적 마케팅 커뮤니케이션이라 할 수 있는 IMC는 브랜드와 고객 간의 총체적인 소통을 관리하는 것이다. 이것은 단순히 광고에 국한된 것이 아니라 매장, 직원, A/S, 배달 기타 모든 요소를 포함하는 것이다. 이 모든 과정과 요소들이 브랜드의 총체적인 가치와 이미지를 구성하고 고객은 그 가치와 이미지를 구매한다. 그래서 이 요소 중 단 하나의 요소라도 어긋나면 고객은 브랜드에 대해 실망할 수밖에 없다. 그래서 이 모든 요소를 통제하고 관리할 부서와 책임 자를 일원화해야 하며 이들의 역량과 능력이 중요하다.

" **Creative Course**
기업의 성장을 이끄는 마케터가 되기위해 알아야 할 창조경영의 핵심요소 :
CRM에 근거한 치밀한 고객분석과 브랜드와 디자인, 크리에이티브는 앞서가는 마케팅의 응용편으로, 기업을 대박으로 이끄는 마케팅의 비밀이다. "

21 STORIES WHICH MARKETERS SHOULD KNOW

Second Step

Creative Course

대박의 비밀

CRM 이야기
고객, 아는 것과 이해하는 것의 차이

브랜드 이야기
Take out Cup의 마법

디자인 이야기
제2의 스티브잡스가 필요하다

크리에이티브 이야기
달의 뒷면을 보라

마케터가 알아야 할 CRM 이야기

고객,
아는 것과 이해하는 것의 차이

유통, 제조업체는 지금까지 기존의 CRM시스템에 만족하며 시장 니즈에 맞는 상품을 개발하고 매장을 운영해왔다. 그러나 종전과 같은 초보적 수준의 CRM으로는 더 이상 복잡하고 까다로워진 고객 니즈를 충족시키며 성장을 이어가기 어려워졌다. 기존과 전혀 다른 새로운 개념의 CRM에 대한 이해와 체계 구축이 불가피해진 것이다.

한번쯤 해 봤을법한 생활 속 질문
Q. 과연 고객들은 세탁세제를 얼마나 주기적으로 구매를 할까?
Q. 내가 매일 구매하는데 이 회사에서는 나를 알아주기는 하는가?

CRM, 제대로 알고 하자

CRM은 2000년대 초반부터 경영 전략의 중요 부분으로 부상했다. 금융, 통신, 제조, 유통업 등에서 앞 다투어 CRM에 대한 컨설팅을 받고, 시스템을 구축하는 경쟁을 했다. CRM이 주목 받게 된 배경에는 IT 기술의 진보와 성장이 있다. 대규모 데이타웨어하우스(DW, Data Warehouse)시스템을 기반으로 대규모의 고객 관련 정보를 저장하고 분석할 수 있게 된 것이다. 그로 인해 과거에는 불가능했던 막대한 자료의 깊고 다양한 분석을 통해 고객에 대한 이해도를 높이는 게 가능해졌고, 이를 바탕으로 고객과의 직접적인 소통을 할 수 있는 채널과 방법을 체계적이고 구체적으로 설정할 수 있게 된 것이다. 하지만 금융, 통신업 분야에서 지속적으로 발전하고 업계의 경영 전략 표준 요소로 자리 잡은 CRM이 유독 제조, 유통업에서는 제대로 활용되지 못하고 있다. CRM이라는 용어에 대해 오해와 오인이 존재하고 그로인해 CRM에 비효율적인 투자와 실행이 되고 있는 상황이다.

유통업에서는 CRM을 단순히 Campaign Management 차원에서 접근하고 있다. 주로 프로모션 관리나 DM, SMS 등을 이용한 1대1 마케팅의 고객 추출을 위한 도구로 취급하고 있는 실정이다. 또 제조업에서는 고객과의 접점이 없다보니 주로 B2B 관점을 가져가고 있다. 그래서 영업사원의 역량 향상을 위한 SFA(Sales Force Automation-영업자동화시스템)나 인터넷을 기반으로 한 고객 대응 사이트나 커뮤니티 운영을 하는 것이 전부다. 그런데 제조업, 특히 소비재를 생산하는 많은 기업들은 고객의 목소리를 직접 듣고 싶어 한다. 고객의 요구나 원하는 바를 직접 확인하길 원하는 것이다. 한마디로 갈증을 느끼고 있다. 그러나 고객과의 직접적인 소통 채널과 고객 분석 도구가 없다보니 리서치 회사와 같은 간접적인 방법에 의존하고 있을 뿐이다. 하지만 그들 스스로도 이러한 방법으로 얼마나 고객을 정확히 알 수 있을지 회의감을 갖고 있는 것이 사실이다.

물론 제조업이건 유통업이건 현재까지의 상황에 만족하고 안주할 수 있다. 고객의 목소리를 희미하게 들으면서 상품을 개발하고 영업하고 경영할 수 있다. 그러나 경쟁이 점점 심화되고 고객의 욕구는 점점 복잡하고 까다로워져만 가는 21세기에는 CRM에 대한 정확한 이해와 체계 구축이 필요하다.

CRM, 왜 하는가?

CRM의 궁극적인 목표는 고객에 대한 정확한 이해다. 기업의 CEO나 최고경영층에서 고객에 대해 알고 있는 건 지금도 충분하다고 생각하고 뭘 더 자세히 알아야 하냐고 묻는다면, 그 기업은 10년 내에 시대의 흐름 속에서 도태될 것이다. 당신의 CEO가 그렇다면 서둘러 이직하는 게 낫다. CRM을 통해 고객을 이해한다는 것은 크게 두 가지의 의미가 있다. 첫째는 고객을 이해하고 마켓에 대한 통찰력을 통해 시장에서 경쟁력 있는 상품을 만들고 영업함으로써 매출과 수익을 극대화하는 것이다. 둘째는 마케팅이나 영업 관리, CS(Customer service)영역에서 관례적으로 들어가는 수많은 노력과 비용 중에서 진정 고객이 원하고 고객에게 영향을 미치는 요소들을 파악하고, 이를 기반으로 관련 자원을 효율적으로 운영함으로써 기업의 비용을 획기적으로 절감하는 것이다.

그러나 대부분의 기업들은 CRM을 위한 시스템 투자나 비용에는 매우 인색하다. 하지만, 일상적 프로모션이나 판촉, 영업이나 마케팅 활동에 관행적으로 써오던 비용을 그대로 답습해 쓰면서 그 효과에 대해서는 어찌나 무관심한지 알면 깜짝 놀랄 것이다.

유통업의 경우엔 일상적으로 뿌려지는 수백만 장의 전단부터 DM, 관행적인 가격할인, 에누리에 많은 비용을 쓰고 있다. 제조업도 마찬가지로 유통업체와 진행하는 다양한 행사나 상품개발을 위한 고객 조사에 많은 비용을 할당한다. 하지만 그 효과나 성과에 대한 분석이나 판단은 애초에 불가능하다는 선입견을 가진 채, 습관적으로 수십 억 원, 많게는 수백 억 원까지 집행하며 성과와 결과에 대해선 아무도 관심을 갖지 않는다. 그저 "지금까지 해오던 건데 안 하면 어쩔 거냐?", "줄였다가 매출이 떨어지면 누가 책임질 거냐?" 등의 으름장을 앞세워 관행을 답습하는 것이다.

CRM의 핵심 역할은 모든 마케팅이나 영업 활동을 분석하고 그 결과를 고객의 반응과 구매행태 등과 연결시켜 그 효과와 성과를 측정하고, 판단하는 것이다. 더 나아가 그 활동 중 가치가 있는 것에는 더 많은 자원을 할당하고, 없는 것은 과감하게 줄이거나 제거하는 근거를 제공해서 기업의 효율을 높이는데 그 목적이 있다.

효율적인 CRM, 협업이 중요하다

제조업의 경우 고객에 대한 직접적인 접점을 찾지 못해 실질적인 고객의 데이타나 정보를 확보할 수가 없다. 자사 상품의 판매는 유통업체에서 이루어지므로 단순히 상품별 매출변동 내용만 알수 있을 뿐, 자사 상품을 어느 고객이 어느 시점에 어떤 상품과 같이, 어떤 행사를 통해서 구매했는지 알 수 없다. 그러다 보니 항상 보편적인 생각과 행동으로 전체 고객을 위한 상품개발, 전체 고객을 위한 행사, 전체 고객을 위한 광고 등으로 막대한 비용을 낭비하는 것이다.

유통업의 경우 반대로 고객에 대한 모든 정보를 갖고 있지만, 오히려 너무 많은 정보와 데이타를 감당하지 못해 금광인 줄 알면서도 그대로 방치하는 경우가 많다. 대형마트와 같은 유통업의 경우 수많은 품목과 협력사의 제품, 수많은 행사의 결과들이 매일매일 반복적으로 쏟아지다 보니 금맥과 같은 값진 정보가 있어도 특정 업체나 상품만을 위해 CRM 관점의 체계적인 분석이나 고객 프로파일 분석을 해줄 수가 없다. 물론 각 품목의 바이어들이 자기 상품에 대해 CRM 데이터를 통해 상품 개발이나 운영 전략을 수립하고, 이를 기반으로 제조사들과 협의를 통해 영업의 수준을 높일 수는 있으나 전사적인 차원에서 그 효과를 극대화하기에는 각각의 바이어들로 분산된 CRM 활용은 한계가 있다.

궁극적으로 유통과 제조의 CRM이 성공적으로 이루어지고 효과를 극대화하기 위해서는 별도로 CRM을 구현하고 운영해선 안 된다. 오히려 협업을 통해 추진하면 많은 문제들이 쉽게 해결될 수 있다. 제조사는 굳이 많은 비용을 들여 별도의 CRM을 구축하고 고민할 것이 아니라 대형마트와 같은 대형 유통사의 CRM 시스템과 인프라를 활용하면 된다. 물론 유통사의 고객정보를 제조사로 넘겨준다든가 내부 데이타로의 접근을 허용하는 건 불가능하다. 그러나 제조사의 마케팅이나 영업에서 필요한 자사 상품을 구매하는 고객, 장바구니, 점포, 행사에 대한 동향 및 현황에 대한 정보를 정기적으로 제공 받을 수 있다.

이를 통해 제조사는 행사와 같은 프로모션에 따른 고객의 움직임에 대한 통찰을 얻을 수 있다. 이러한 통찰은 특정 상품과 브랜드에 대해 높은 선호도와 관심을 보이는 고객을 위해 맞춤형 행사, 로열티 제공 등의 차별화된 혜택 제공을 가능하게 한다. 이렇게 되면 고객의 만족도와 신뢰도는 높아지고 제조사는 유통회사의 CRM 인프라를 통해 불가능했던 고객과의 직접적인 소통을 할 수 있게 된다.

대형마트와 제조사간의 협력에 의한 Plan(계획)-Do(실행)-See(평가) 기반의 정교한 마케팅이 가능한 시대가 왔다. 이를 위해 대형마트는 CRM

분석 정보를 제조사와 공유하고 이에 대한 고객 이해를 바탕으로 제조사의 마케팅과 영업 전략을 대형마트 이용 고객에게 최적화함으로써 고객이 만족하는 상품과 판촉활동을 제공하게 된 것이다. 결과적으로 고객만족과 유통사와 제조사의 매출, 수익 증대와 획기적인 비용절감을 이루는 동반성장 모델의 구축이 가능하게 되었다. 이러한 움직임이 이미 유통 현장에서 시도되고 있다. 이와 관련해서 주목할 만한 성과와 변화를 이끌어 내고 있는 세 가지 사례를 소개한다.

신제품 커피는 어떤 커피와 싸우고, 누가 언제 사가나?

첫 번째 사례는 커피 신상품 출시다. 이때 자사의 기존 판매되던 커피 고객이 신상품으로 전이된 것인지 아니면 경쟁사의 고객을 뺏어왔는지가 가장 궁금할 것이다. 이를 알기 위해 고객 분석을 통해 어떤 고객이 신상품을 선호했는지를 빠른 분석과 피드백을 통해 향후의 마케팅과 프로모션의 전략을 수립한 사례이다.

당연한 얘기지만 고객에 대한 이해가 가장 적시에 제공되어야 하는 때는 신상품이 출시됐을 때다. 광범위한 조사, 막대한 자원과 시간을 들인 연구개발을 거쳐 새로운 상품이 기획되고 출시되지만 많은 상품이 결국 시장에 자리잡지 못하고 사라진다. 예를 들면 출시 2주간의 CRM 분석을 통해 신규 브랜드가 30대의 선호 경향이 두드러지고, 주로 저녁 여섯시 이후의 시간, 일요일에 구매빈도가 높다는 사실을 통해 신규 브랜드는 직장인 선호도가 매우 높다는 사실을 알게 된다. 이런 정보를 바탕으로 매장판촉 행사는 저녁시간에 집중적으로 전개될 것이고 신제품의 노출도 직장인을 우선 대상으로 노출시킨 뒤 차차 넓혀나가는 전략을 세울 수 있게 된다.

여기에서 한 걸음 더 나아가 고객의 구매이동을 도표화 해보면, 기존의 우리 상품과 경쟁 상품 간에 누가, 어떻게 구매가 이동하는지를 통해 신규 브랜드가 기존 우리 상품 시장을 잠식한 것인지, 경쟁 상품의 구매고객을 끌어온 것인지, 카테고리 신규고객을 유입시킨 것인지를 알 수 있게 된다. 만약 기존 상품과의 잠식관계라면 브랜드간의 성장, 육성에 대한 우선순위를 조정할 수 있게 될 것이고, 경쟁 상품 구매고객을 유입시킨다면 경쟁사의 시장 점유율을 공략하는 유용한 무기가 될 것이다.

구매 주기를 정확히 알아야 한다

두 번째 사례는 상품의 구매주기 분석을 통해 제조사의 프로모션과 같은 영업 및 생산 계획을 개선한 사례다. 소비재 중에서도 세제나 비누와 같은 일상생활용품은 비교적 구매주기가 긴 편이다. 다량 구매하여 가정에 비치, 저장하고 사용하는 제품이기 때문이다.

그럼 고객은 과연 며칠 만에 상품을 다시 구매할까? 고객의 구매주기를 아는 것은 고객의 재구매를 유도하기 위한 프로모션 기획의 기본적이면서 핵심적인 정보다. 만약 고객이 필요하다고 느끼는 적절한 시점에 구매를 제안하지 않고 임의대로 제안할 경우 고객은 귀찮은 판매독촉으로 받아들인다.

즉, 구매주기를 안다는 것은 고객 접근 마케팅 활동을 할 때 가장 중요한, 언제 고객에게 Communication을 시도할 것인가에 대한 직접적인 해답인 것이다. 또한 세탁세제 같은 상품처럼 철저하게 기획패키지나 행사상품, 증정 등에 의해 고객들의 구매가 촉진되는 제품일 경우엔 얼마나 자주, 어떤 주기로 새로운 행사상품이나 기획패키지를 내놓아야 하는가를 알아야 한다. 이런 정보는 제조사 입장에서는 생산 비용 등에 직접적인 영향을 미친다.

A사의 경우 분석을 통해 자사의 세제 중 핵심 상품에 대한 재구매 고객의 평균 구매주기가 65.8일 임을 알게 되었다. 이전에는 막연하게 6주단위로 구매할 것이라고 생각했는데, 이외로 6주보다 긴 9주가량임을 알게 된 것이다. 이 정보는 기획패키지 제작이나 제품의 적정용량 산정 등에 반영됐다. 세제 외에도 매일 아침식사 대용으로 소비되는 시리얼 제품에 있어서도 주요 상품은 관행적으로 2~3주에 한 번씩 가격할인 행사를 벌였다. 물론 그 상품이 실질적으로 2주에 한 번은 재구매 고객에게 구매될 것이라는 경험과 관찰에 근거한, 약간은 막연한 근거로 한 기획이었다. 그러나 2회 이상 구매를 한 반복구매 고객을 기준으로 살펴보았을 때, 90% 이상의 시장 점유율을 가지고 있는 상위 2개사의 구매고객의 재구매 간격은

무려 40일이 넘었다. 즉 '2주에 한 번은 고객이 구매할 것이다.' 라는 믿음을 가지고 실시한 가격할인 행사는 재구매 고객에게는 지나치게 잦은 구매 권유 행위였던 것이다. 이 정보를 바탕으로 결국 무분별한 프로모션을 축소해서 비용 효율화로 이어졌다.

어떤 고객에게 선물을 줘야 하는가?

마지막 사례는 유통과 제조사의 협업을 통해 제조사의 멤버십이나 포인트 제도를 운영해 고객 충성도를 높인 사례다. 제조사의 경우도 자사 고객에 대한 충성도 확보 및 재구매 유도를 위해 멤버십이나 포인트, 마일리지 제도를 운영하자 하는 욕구가 있다. 하지만 유통매장을 통해 판매하는 현실에서 직접적으로 제도를 만드는 것은 매우 어렵다.

일부 화장품이나 일상용품 회사의 경우 고객의 재구매와 충성도가 매출에 절대적인 영향을 미치므로 온라인 사이트를 운영하거나 상품 포장 등에 쿠폰 등을 삽입해 고객을 자사의 CRM 시스템에 등록을 유도하고, 재구매를 할 경우 포인트를 제공하기도 한다. 하지만 이러한 간접적인 방법은 그 노력이나 비용에 비해 고객 확보가 어렵다. 이에 대한 대안으로 유통사의 CRM 인프라를 통해 자사의 충성고객들에게 자사상품 구매시 추가 포인트를 제공하고 이를 유통 매장에서 알려줌으로써 고객들에게 경쟁제품이 아닌 자사 상품의 재구매를 적극적으로 유도할 수 있다. 또 제조사는 이런 멤버십 고객들에 대한 분석정보를 제공받을 수 있다. 즉, 손쉽게 유통매장에서 적극적인 고객멤버십 제도를 유통사와의 협업을 통해 구축하고 운영할 수가 있는 것이다. 유통사입장에서도 복잡한 매장 내에서의 프로모션보다는 쉽고 간편하면서도 고객이 확실하게 느낄 수 있는 메리트를 제조사 별로 유도할 수 있으므로 프로모션 효율을 획기적으로 올릴 수 있다.

경쟁 시대, CRM 협업이 무기다

물론 CRM이 유통업체와 제조업체들의 모든 고민을 일거에 해결해 주는 마법의 램프가 될 수는 없다. 그러나 다가오는 초경쟁 사회에서, 모든 것의 시작이 '고객'으로 출발해서 '고객'으로 돌아가야 한다는 전제를 인정한다면, 지금이라도 당장 유통업체와 제조업체 모두 함께 성장하는 동반관계 위에서 적극적인 CRM 협업을 모색해야 할 것이다. 이를 통해 불필요한 비용을 줄이고 궁극적인 전략 가치인 '고객제일'의 가치를 극대화할 수 있을 것이다.

/ 마케터가 알아야 할 브랜드 이야기

Take out Cup의
마법

상품과 가격, 마케팅 차별화가 어려워진 지금, 브랜드 파워가 기업의 핵심 경쟁력으로 부각되고 있다. 이에 따라 많은 기업들이 브랜딩 작업에 많은 인력과 비용을 투자하고 있지만, 정작 브랜드 차별화가 아닌 브랜드 평준화의 길을 걷고 있는 것은 아닌지 자사 전략을 되짚어볼 필요가 있다.

한번쯤 해 봤을법한 생활 속 질문

Q. 나는 왜 매일 그곳에서 커피를 마실까?

Q. 마트의 수많은 물건 중 내가 원하는 제품을 쉽게 고를 수 있는 이유는 뭘까?

Q. 왜 시애틀의 스타벅스 본사에선 와인도 파는 것일까?

브랜드에 목숨 건다

기존의 4P(Product, Price, Promotion, Place)중심의 마케팅 전략이 브랜드의 중요성이 부각됨에 따라 달라지고 있다. 브랜드라는 것은 이미 수십 년 전부터 존재해 왔다. 가문의 명예와 정통성을 보여주기 위해 고유의 문장을 사용해 왔던 중세 유럽에서부터 남과는 다르게 특별하게 보이기 위한, 그 기업만의 브랜드를 알리기 위해 노력해왔다. 그리고 지금, 브랜드는 수많은 라이벌 속에서 눈에 띄어야만 살아남을 수 있는 무한 경쟁 시대의 기업들에게 마케팅의 그 어느 요소보다 중요해졌다. 브랜드가 기업경쟁력의 강력한 무기가 된 것이다.

기존 마케팅 부서의 예산 가운데 시장 조사, 상품개발, 프로모션과 같은 전통적인 비중을 줄이고 브랜드 관련 조사, 브랜딩 프로젝트, 브랜드 PR을 위한 예산은 점차 늘고 있는 추세다.

가치의 총체적 실체도 가시적이지 않고, 노력의 효과도 즉시 나타나지 않는 브랜드에 이렇게 많은 노력과 비용을 투자하는 이유는 뭘까? 왜 마케팅에서 가장 중요한 제품 관련 예산보다 더 많은 비용을 투자하는 걸까? 심지어 프로모션이나 판촉보다도 더 중요하게 생각하는 걸까? 그 답은 당신이 마트의 한 특정 제품 카테고리 매대 앞에 서보면 알 수 있다.

무식하면 소비자가 될 수 없다?

당신이 생수를 사 마시기 위해 마트의 생수 코너에 섰다. 과연 몇 종류의 생수가 당신을 기다리고 있을까? 현재 우리나라에는 70여개 업체 100여개 브랜드가 경쟁하고 있다. 그런데 그 제품들의 미네랄 함량, 물 맛, 수원지 등을 다 따져서 구매할 수 있을까? 그러면 시간은 얼마나 걸릴까? 모든 제품들이 저마다 뛰어나다고 주장한다. 가격도 자신 있고, 디자인도 다르다고 강조한다. 그러나 소비자들은 그 차이들을 도무지 알 수가 없다. 고객들에게는 그저 그 상품이 그 상품일 뿐이다. 수많은 비누와 하루가 멀다 하고 새로운 효능을 추가해서 나오는 샴푸들도 그 차이는 피부에 와 닿지 않는다. 그럼 도대체 어떤 방법으로 경쟁 제품을 물리치고 소비자의 손에 간택될 수 있을까?

가격? 경쟁사는 얼마든지 더 싼 가격으로, 또는 엄청난 프리미엄 제품으로 승부할 수 있다. 품질? 사실 성분표라든가 원재료 등을 꼼꼼히 살피는 소비자는 그리 많지 않다. 설령 엄청나게 차별화된 품질의 제품을 시장에 내놓아도, 며칠 후면 비슷한 수준의 제품이 옆자리를 차지하며 등장한다. 아무리 노벨상을 받을 만한 위대한 마케터라 하더라도 지속적으로 경쟁사가 따라오지 못할 상품을 출시하고 가격을 유지하는 것은 이제 불가능한 상황이 되었다. 날이 갈수록 경쟁은 치열해지고, 싸움의 영역은 자신의 카테고리 내에서 카테고리 밖으로, 심지어 전혀 예상치 못했던 카테고리들에 까지 진출해 시장점유율 싸움을 벌이고 있기 때문이다.[1]

Share of Market에서 Share of Wallet으로, 다시 Share of Heart로 경쟁의 패러다임은 변하고 있다. 전통적으로 새로 개봉되는 영화의 경쟁 제품은 같은 시기에 개봉되는 영화라도 생각한다. 이건 Share of Market의 개념이다. 동종 카테고리 내에서의 싸움이다. 영화가 개봉되는 주말에 날씨가 너무 화창해서 드라이브나 가족여행 가지 딱 좋거나 전 국민의 관심을 받는 월드컵이나 올림픽이 열리면 신작 영화는 예상치 못한 적과 싸운다. 주말에 '여가'를 위해 돈 쓸 준비가 된 소비자가 과연 어디에 돈을 쓰느냐가 관건인 것이다. 이건 '여가'라는 소비자의 지갑을 두고 벌이는 싸움이다. 어떤 소비자는 그냥 그 회사 꺼, 그 브랜드가 뭘 만들어도 다 좋아한다. 아르마니는 의류 이름이자, 향수 이름이다. 샤넬 또한 마찬가지다. Virgin 그룹은 Virgin이라는 이름으로 항공사에서 콜라, 심지어 금융업까지 진출했다.

Share of Heart는 소비자의 마음을 두고 벌이는 싸움이다. 사람의 마음에 흔들림 없이 자리한 뒤 평생 사랑받으려는 싸움이다.

대박은 있다. 그러나 영원하지는 않다

위대한 마케터의 전설이 한국에도 존재한다. 획기적인 스타 상품을 개발해 회사를 일시에 성장시키고 유명해진 사례들이 있다. 업계 최초로 쌀음료와 대추음료 등을 출시해 순식간에 최고 반열의 음료회사로 성장한 웅진 식품의 경우가 바로 그런 경우다. 기라성 같은 기존 경쟁 음료회사들 사이에서 새로운 틈새시장을 발견해, 곡물음료를 개발하고 모든 사람이 기억하기 쉬운 참신한 이름을 붙였고, 과감한 마케팅을 통해 히트시켰다.

지금 기억으로 그 기업의 CEO는 그 당시 마케터의 전설로 유명세를 타

고 많은 기업에서 특강을 했다. 하지만 안타깝게도 현재 대형마트나 슈퍼마켓의 매대에서 그 음료들의 위상은 예전 같지가 않다. 심지어 최근에는 그룹 차원의 위기설도 나오고 있다. 아마도 그 이유 중 하나는 그 성공이 워낙 참신했기 때문에 또다시 그만큼 고객들에게 인정받을 새로운 상품을 만드는 게 어려웠던 것도 있을 것이다. 마치 첫 작품에서 강렬한 연기로 인상을 남긴 배우가 그 다음 작품 배역에서 그만큼의 호응을 얻지 못하는

것과 같은 이치다.

영원한 사랑의 이름

마케터에게는 난감한 상황이다. 어떻게 하면 끊임없이 지속적으로 경쟁사보다 앞서가면서 고객들의 마음을 사로잡을 수 있을까? 고민하지 않을 수 없다. 그것에 대한 답은 결코 지속적인 스타상품의 개발이나 끊임없는 새로운 프로모션의 실행이 아니다. 최신의 마케팅 트렌드에서는 그 답을 근본적인 차별화에서 찾는다. 그게 바로 브랜드 차별화이다.

개별 상품의 경쟁력도 중요하지만 자사가 보유한 제품 혹은 매장의 카테고리의 콘셉트와 이미지를 차별화하는 것이다. 사전적 의미로 브랜드란 제조업이나 유통업 등 고객과 직접 소통하는 모든 기업의 자체 혹은 특정 제품 카테고리 군의 이미지와 경험의 집합이다. 브랜드가 확실하게 고객들에게 인지가 되고 사랑받게 되면 마케터는 개별상품 하나하나의 굴레에서 벗어날 수 있다. 같은 상품이라도 브랜드가 있으면 고객들은 다르게 본다. 별 이유 없이 좋아하고 싫어한다. 그러므로 마케팅의 입장에서는 이제는 기업 및 자사 상품의 브랜드에 투자하고 인지도 및 선호도를 올리는 것이 궁극적인 승리자의 위치를 보장해주고 그 자리를 오래 지키게 해주는 것이다. 그렇다면 과연 브랜드라는 것을 어떻게 고객들에게 인식시키고, 알리고, 선호하게 만들며, 더 나아가 오래 사랑받게 할 것인가?

브랜드는 스토리와 콘셉트로 만들어진다

우리나라의 브랜드 Stock[2]에서는 국내 유명 브랜드들의 순위를 매기고 알려주고 있는데, 그 정보는 정기적으로 신문지상에 소개 된다. 이 정보를 보면 몇 년간 항상 브랜드 순위 상위권에 드는 기업은 삼성의 Galaxy, SK Telecom, KT, 이마트, 네이버, 대한항공, 농심(신라면), 참이슬, 롯데백화점, 에버랜드 등이다. 내노라하는 굴지의 기업 브랜드들이고, 이들 대부분의 기업들은 브랜드 홍보를 위해 수많은 비용을 지출한다. 자신들의 브랜드에 걸맞는 스타를 앞세워 TV나 신문광고, 인터넷이나 옥외 곳곳에 홍보를 하고 지하철이나 버스 등 고객들의 시선을 받을 수 있는 모든 곳에서 광고를 한다. 하지만 여기서 중요한 것은 각각의 브랜드들이 이야기하는 스토리와 콘셉트의 명확함이다.

수많은 비용을 지불하여 고객에게 알리는 것도 중요하지만 고객들의 마음에 어떤 이미지로 각인되고 어떤 스토리를 이야기하며 어떠한 체험을 안겨 주는가를 따져봐야 한다. 물론 알리는 것이 중요하다. 브랜드 조사를 할 때도 가장 먼저 고객들이 그 브랜드를 아는지 묻는다. 그 다음 선호도 조사 및 기업이 목표하는 이미지와 타겟 고객의 성향과 얼마나 일치하는지를 보는 정합성 조사를 한다. 위에서 언급된 기업 정도면 대부분 자사 브랜드에 대한 명확한 Position을 정하고 타겟 고객을 설정하며, 이미지 콘셉트와 스토리 라인을 갖고 있다. 그리고 어떤 채널과 방식을 가지고 고객에게 커뮤니케이션 할 것인지를 명확히 하고 있다. 이런 모든 작업을 브랜드 전략 및 브랜딩이라고 보면 된다. 이것에 관해선 한 기업의 마케팅부서라면 다 아는 기본이기에 더 이상 설명하지는 않겠다. 하지만 여기서는 모든 브랜드 전략의 기본인 브랜드 Positioning에 있어 많은 기업들이 범하는 오류에 대해서 다뤄보겠다.

2 브랜드 stock은 2003년에 설립된 국내 기업 브랜드 평가 전문기관으로 공신력을 인정 받고 있다. 기업이나 상품의 브랜드를 주식의 개념으로 접목하여 평가하는 패널이나 고객들이 주식을 사고 파는 방식으로 브랜드의 가치를 평가함으로써 재미있으면서도 논리적인 브랜드 평가 체계를 만들었다. 매년 분기별로 한국경제신문사와 제휴하여 국내 100대 브랜드를 발표하고 있다.

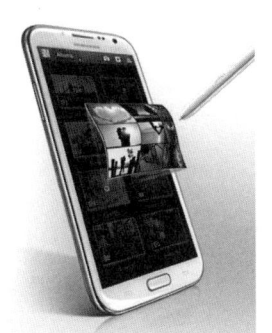

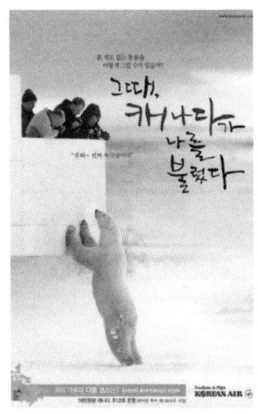

결국, 달라야 살아 남는다

브랜드 Positioning이란 자사의 브랜드가 고객들의 머리 안에 어떠한 이미지로 인식되는가의 문제다. 모든 전략은 도표화하고 정량화 하여야지만 실체화 할 수 있다. 그래서 대부분의 경우 브랜드 Position도 도표로 표현한다. 가장 기본적인 브랜드 Position 도표의 사례는 그림1과 같다.

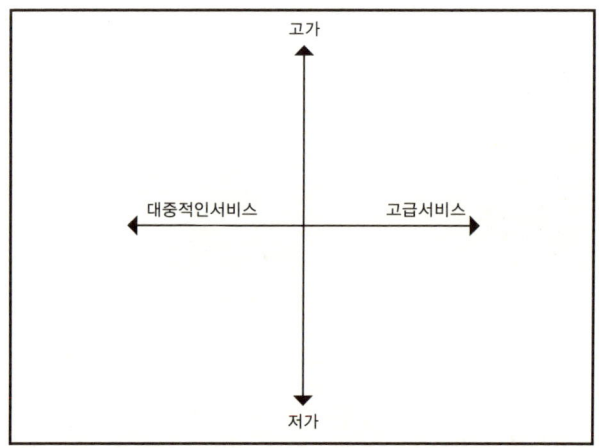

▲그림 1. 브랜드 Positioning Map

자사의 브랜드를 고가의 고급으로 갈 것인지 아니면 대중적인 저가의 이미지로 갈 것 인지, 서비스의 레벨도 어떻게 할 것인지, 한 카테고리 내에서 주요 경쟁 포인트를 축으로 위치를 설정하는 것이다.

기본적으로 이 도표에서 하나의 점으로 자사의 브랜드의 위치를 잡게 되면 바로 대략의 앞으로의 상품이나 가격정책 그리고 고객과의 커뮤니케이션 방향도 잡힌다. 아주 심플하고 간단한 도표 하나가 기본적인 마케팅의 방향을 잡아주는 것이다. 그 후에 기업은 끊임없는 고객조사를 통해 자사 브랜드에 대한 이미지를 조사한다. 그런데 집계된 결과를 보고 기업들은 종종 실수를 저지르기도 한다.

하버드대학 문영미 교수는 〈디퍼런트(Different)〉라는 책에서 기업 이미지 조사를 통한 판단 오류에 대해서 아주 재미있게 설명하고 있다. 많은 기업들은 정기적으로 브랜드 이미지 조사를 통해 경쟁사와 끊임없이 비교하고 자사 브랜드의 강약점 분석을 통해 향후 브랜드 마케팅 활동을 방향을 수정한다. 사실 이런 활동의 핵심은 자사 브랜드의 강점을 파악하고 그 강점을 어떻게 극대화할 것인지에 초점을 맞춰야 하는데 대부분의 경우 경쟁사 대비 취약점이 무엇인지를 파악하고 그 취약점으로 인해 고객들을 잃을까봐 취약점을 강화하기 위해 마케팅 방향을 수정하고 계획을 세운다.

대표적인 사례가 지프와 도요타의 경우다. 20년 전만 해도 미국의 자동차 시장에서 지프(Jeep)는 거칠고 남성적인 4륜구동 자동차였다. 누구나 도시를 떠나 한번쯤은 지프를 몰고 사막을 달려보고 싶은 열망을 갖게 했다. 반면 도요타는 고장 없고 믿음직한 도시형 세단 브랜드의 전형이었다. 하지만 '거침'과 '신뢰성'의 두 상반된 특성들은 20년간 치열한 자동차 시장의 경쟁 속에서 희석됐다. 아니 퇴색됐다는 표현이 더 맞겠다. 지프는 토요타의 신뢰성, 연비, 안정성을 끊임없이 추구하면서 지프도 그런 차라고 광고 했다. 반대로 토요타도 교외에서 거친 남성의 욕구를 채워 줄 수 있는 SUV를 출시하면서 브랜드화 했다. 지금은 결국 두 자동차는 비슷해졌다. 자동차 고객은 뭘 사야 될지 고민하기 시작한 것이다.

'OO다운 것' 이 핵심이다

많은 사람들이 시간이 갈수록 스타벅스와 맥도날드가 비슷해진다고 느낀다. 맥도날드는 스타벅스의 강점인 안락한 분위기에서 자신만의 시간을 보내며 커피와 함께 즐기는 문화 공간을 지향한다. 스타벅스는 커피뿐만 아니라 빵과 샌드위치 같은 제품도 함께 팔며 커피를 파는 안락한 공간과 함께 '끼니'를 때우는 공간이라는 것도 강조하고 있다.

하지만 이럴수록 각각의 강점을 사랑해오던 고객들은 배신감을 느낀다. 브랜드의 핵심은 고객들이 그 브랜드를 사랑하고 선택해야 하는 그 무엇인가를, 차별점을 제시해야 한다. 그런데 대부분이 같은 실수를 하고 있는 것이다. 그림 2는 그런 상황을 요약하고 있다.

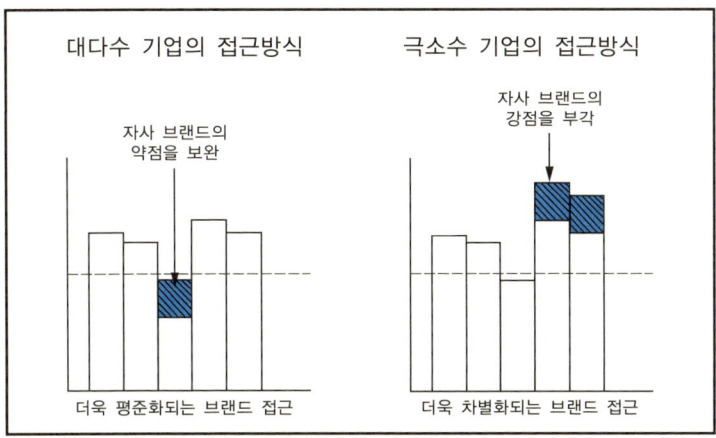

▲그림 2. 브랜드 강화를 위한 접근방식의 차이

　기업 브랜드의 이미지 조사를 해보면 몇 개의 속성을 가지고 경쟁사와 비교를 하게된다. 그걸 정량화해 어떤 속성에서 뒤처지거나 앞서는지를 알게 된다. 이런 결과를 바탕으로, 가장 바람직한 브랜드 차별화의 전략은 경쟁사 대비 장점을 더욱 부각시키고 차별화해 강화하는 것이다. 그 길이 궁극적인 승리자가 되는 길이다.

　하지만 대부분의 기업은 약점에 주목한다. 그래서 이 약점을 어떻게 경쟁사만큼은 강화시킬 것인가만 생각한다. 이렇게 되면 결국엔 모든 속성에서 경쟁사와 비슷해지고 고유의 브랜드 이미지를 상실하게 되며 고객은 차별성을 느끼지 못한다. 도요타는 지프를 따라하고 지프는 도요타를 흉내 내서는 답이 없다. 고객이 왜 수십 곳의 프랜차이즈 커피 전문점 중에서 유독 스타벅스에 가야하고, 여러 개의 대형 할인 매장 중 하필이면 '이마트'에서만 장을 봐야하는지, 그 이유를 브랜드가 말해줘야 한다. 그것은 기업의 마케팅부서 사람이 구구절절 설명해서 되는 것이 아니라 고객이 마음속으로 느껴야 한다. 그리고 기업은 고객이 내는 그 마음의 소리를 들어야 한다.

물론 비즈니스의 세계에서 절대적인 답이란 없다. 하지만 문영미 교수가 말한, 지속적으로 유지 가능한 차별화는 브랜드 평준화의 정반대의 길로 나가야만 가능하다고 했는데 현재 경쟁 현실에서의 '답'이 될 수 있다. 차별화를 위해선 경쟁 기업 간 브랜드 속성들의 불균형 상황을 더 불균형하게 만들어야 한다. 그 불균형을 위해서, 때로는 포기할 것은 포기해야 한다. 모든 속성이 고르게 높고, 모든 시장과 분야에서 최고의 브랜드가 돼서, 모든 고객에게 사랑받겠다는 욕심은 어느 고객에게도 사랑 받지 못하는 고만고만한 어정쩡한 이등, 또는 2류 브랜드가 되겠다는 전략에 불과하다. 최고는 선택과 집중을 통해 만들어진다.

나 역시 한 기업의 마케팅 전략을 책임지고 있는 사람으로 우리 브랜드를 위해 무엇을 포기할 것인가에 대해 항상 고민한다. 하지만 그 결정은 늘 어렵다. 그래서 브랜드 전략이 마케팅에 있어 4P보다 우선되는 전략이고, 기업의 미래 운명을 결정지을 전략의 핵심이라고 말하는 것이다.

/ 마케터가 알아야 할 디자인 이야기

제2의 스티브 잡스가 필요하다

최근 창의성에 뿌리를 둔 디자인 경영이 비즈니스에 있어 핵심요소로 부각되고 있다. 디자인 경영을 위해서는 조직과 업무를 디자인 관점에서 혁신하는 것은 물론, 기업 내 모든 조직원들의 사고방식도 '디자인적 사고'로 거듭나야 한다.

한번쯤 해 봤을법한 생활 속 질문

Q. 애플과 삼성이 소송전을 벌이는 이유?

Q. 현대카드는 왜 카드의 디자인과 공연, 광고에 그렇게 힘을 쏟을까?

Q. 스티브 잡스가 PT시 늘 입던 검은 상의와 청바지는 전략적으로 디자인 된 것이다?

쿨한 아이패드

최근 가장 Hot한 경영 트렌드는 '디자인 경영'이다. 역사상 가장 혁신적인 비즈니스 모델과 상품으로 손꼽히는 애플 아이폰과 아이패드[3]의 엄청난 성공의 핵심 열쇠는 스티브 잡스의 디자인 경영이다. 스티브 잡스는 고객과 마켓의 숨은 니즈를 간파하고 그들 스스로도 원하는지 몰랐던 제품을 만들어 낼 줄 아는 천부적인 마케팅 감각을 가졌다. 또 학창시절의 경험으로 인해 그 마케팅의 감각이 효과를 몇 배나 극대화 할 수 있는 디자인 안목도 갖췄다. 그래서 그를 바로 천재 경영자로 부르는 것이다.[4]

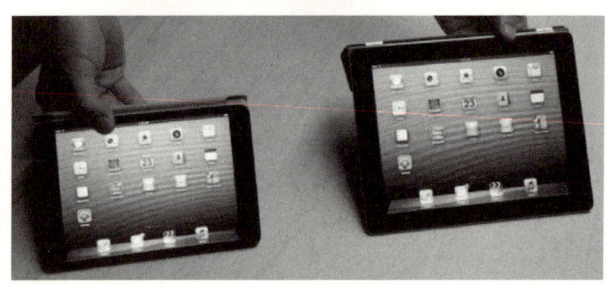

3 영국 시간으로 10월 18일. 영국 법원은 "삼성전자의 갤럭시 탭이 애플의 아이패드를 베끼지 않았다."고 판결했다. 심지어 그 판결 내용을 애플의 영국 자사 웹사이트에 공지하고, 파이낸셜 타임즈, 데일리 메일과 같은 영국의 유력 일간지 및 잡지에 광고를 통해 알리라고도 했다. 그런데 재미있는 사실은 따로 있다. 그 당시 판결을 맡았던 버스 판사는 "갤럭시 탭과 아이패드의 디자인은 혼동 되지 않는다.", "갤럭시 탭의 디자인이 아이패드 만큼 멋지지 않기(Not as cool)때문이다."라고 설명했다는 점이다. 삼성은 이 판결문을 듣고 좋아했을까? 우울했을까? 어찌됐든 두 제품은 판사에 기준으로는 다르다. 아이패드는 Cool하고 갤럭시탭은 평범하다.

4 스티브 잡스 사후 이후 애플은 널뛰기를 하고 있다. 아이폰 5 출시 이후에는 주가가 6일 연속 오르기도 했었지만 그전에 선보이지 않았던 새로운 형태의 제품인 아이패드 미니를 출시했을 때는 그 다음날 바로 3.26% 하락했다. 원인은 정확히 알 수 없다. 혁신에 대한 기대감을 충족시켜주지 못하는 건지, 아이패드 미니는 cool하지 않다고 보는 건지, 아니면 경제학자들의 말대로 단순히 가격이 비싸기 때문인지...

마케팅과 디자인은 샴쌍둥이다

 기업에서 마케팅과 디자인은 엄연히 다른 영역이지만 추구하는 방향과 본질은 같다. 바로 둘 다 Creative(창의성)를 근간으로 하고 있다. 디자인은 오랜 기간 숙달되지 않으면 할 수 없는 전문 영역이기도 하지만 의외로 누구나 다 흉내낼 수 있고, 한마디씩 할 수 있는 아이러니한 분야이이기도 하다.

 Creative를 시각적으로 나타내는 것이 디자인이라면, 마케팅은 논리를 바탕으로 Creative를 발휘하는 것이라고 이해하면 된다. 또 마케팅이 경영 프로세스의 전체적인 전략적 방향을 설정하고 끌어가는 방향타라면, 디자인은 이러한 전략에 불을 붙이는 터보엔진이다. 그래서 디자인 경영은 연구/개발, 생산, 마케팅, 판매, 서비스, 물류 등으로 구성되는 일반적인 제조업과 유통업의 비즈니스 퍼즐게임에서 완성을 위해 꼭 찾아야 할 마지막 조각이다. 마지막 디자인의 섬세한 터치가 없다면 차별화되고 앞서가는 제품과 서비스는 완성되지 않기 때문이다.

 디자인 경영에서 앞서가는 기업이라면 단순히 상품이나 매장의 디자인뿐만 아니라 경영의 모든 과정과 분야에서 디자인 정신을 추구한다. 그래서 디자인 경영을 위한 진정한 디자이너는 사무실의 업무환경 및 모든 조직원들이 일하는 방식과 기업문화의 수준을 높이고, 심지어 주주 총회 시 임원진의 의복과 좌석배치, 발표하는 CEO의 프레젠테이션 자료까지 수준을 높이는 역할을 해야 한다. 그리고 그런 기업이 디자인 경영에서 앞서가는 기업이 된다.

리더에겐 디자이너를 보는 안목이 필요하다

 이쯤 되면 마케팅 조직 및 마케터와 디자인 조직 및 디자이너와의 혼연 일체가 얼마나 중요한지 느낄 것이다. NHN 같은 디자인 경영으로 앞서가는 기업은 아예 마케팅과 디자인을 통합하여 CMD(Creative Marketing&Design)본부를 만들었고 현대카드도 브랜드 본부라는 개념으로 마케팅과 디자인을 통합했다. 그러나 디자인 경영의 성공엔 이러한 혁신적인 조직구성과 프로세스도 중요한지만 결국엔 최고 경영자의 디자인적인 안목과 리더십이 무엇보다도 중요하다.

 1992년 애플은 영국의 디자인전문회사에 근무하고 있던 조나단 아이브를 애플로 영입한다. 그 당시엔 스티브 잡스가 특유의 독선으로 인해 애플을 떠나 있던 시대였다. 그로부터 1년 뒤 조나단은 '뉴튼'이라는 이름의 PDA제품을 디자인하고 개발해 출시하는데 이 제품은 시장에서 참패한다. 이 패배는 애플이 PDA 시장에서 완전히 철수하게 되는 결정적 계기가 된다. 관련 전문가들은 뉴튼이 참패한 가장 근본적인 원인을 전형적인 엔지니어, 기술 주도형 제품이기 때문이라고 지적했다. 그 당시 가장 혁신적이며 복잡한 기술이 구현됐지만 정작 고객들은 제대로 사용하기가 어려울 정도로 복잡했기 때문이다.

 초보 디자이너였던 조나단은 엔지니어와 기술자 출신의 경영자들의 요구를 거부하기 어려웠을 것이다. 조나단은 그들의 요구에 따라 본인이 생각했던 디자인과 사용자 중심의 제품 콘셉트를 반복해서 수정해서 기술자들만 열광하는 매력 없는 제품을 만들 수밖에 없었을 것이다. 쓰러지던 애플은 4년 뒤 다시 스티브 잡스를 부른다. 스티브 잡스가 애플에 복귀한 다음날 회사의 핵심경영층과 언론이 참여한 회의에서 미래의 애플의 전략은 혁신적인 디자인의 제품으로 세상을 놀라게 하는 것이라고 천명했다. 그 뒤에 직원의 65%에 달하는 3천 명 가량을 해고했다.

그 과정에서 고정관념에 사로잡혀 말만 앞세우던 사람들을 과감하게 정리하고 자신이 원하는 뉴 애플과 함께 할 사람들만을 남겼다. 혁신적인 디자인을 위해 스티브 잡스는 기존 회사 내의 디자인팀은 구태의연하다고 판단해 해체시키는 과감한 용단을 내렸다. 이후 세계 최고의 디자이너를 찾아내 프로젝트를 주는 디자인 외주 시스템을 구현하려 했다. 그래서 이태리 최고의 디자이너인 에토르 소사스, 맨디니, 조르제토 주지아로 등을 만나고 다녔다.

그러던 중 우연히 사내 디자인팀의 팀장인 조나단 아이브(뉴튼을 말아 먹었던 인물)의 포트폴리오와 작업 결과들을 보게 된다. 그리고 자신이 찾던 최고의 디자이너가 이미 사내에 있었음을 깨닫게 된다. 스티브 잡스는 임원회의 때 조나단을 불러낸 후 "앞으로 애플의 미래는 바로 이 사람에게 물어보라"라고 하면서 전폭적인 권한을 부여한다. 그로부터 1년 후, 1998년 5월 출시된 제품이 바로 12년간 잠자던 애플을 화려하게 부활시킨 iMac이다.[5]

디자이너, 혁신의 선봉에 서다

iMac의 역사적인 성공 후 애플은 iPod, iTunes, iPhone, iPad로 이어지는 히트작을 내놓는다. 그 히트작들은 세계인의 Life style을 바꿨다. 그 결과 이들은 혁신적인 비즈니스 모델과 제품으로 세계에서 가장 성공한 기업으로 올라섰다.

조나단 아이브는 천재 디자이너이다. 하지만 애플에 치욕적인 실패를 안긴 '뉴튼'을 디자인했던 디자이너이기도 하다. 스티브 잡스가 애플에 복귀하지 않았다면 조나단은 뉴튼의 아류작같은 실패작만을 디자인하는 사람으로 묻혔을 것이다. 하지만 그는 포기하지 않았고, 자신의 포트폴리오 노트에 이미 iMac과 같은 혁신적인 제품들을 디자인해 두었다. 고루한 경영진들이 그 혁신적인 뛰어난 디자이너는 종종 조직 내에서 이런 대우를 받는다. 천재를 알아보는 천재 경영자를 만나기 전까지는. 애플의 사례를 볼 때 디자인 경영의 성패는 경영자의 안목과 미학적 수준, 강력한 실천의지, 디자인에 관한 디자이너에게로의 전적인 권한 이양에 달려

l Mac은 최초의 누드 컴퓨터다. 출시 첫 달에만 80만 대가 팔렸고, 애플은 1993년 이후로 처음으로 흑자를 기록했다. 조나단 아이브는 아이팟도 디자인했다.

있다. "디자인은 인간 창조물의 영혼이다"라고 말할 정도로 디자인의 역할과 중요성을 강조하던 스티브 잡스는 디자인 문제만큼은 중간 의사결정 과정을 두지 않고 조나단과 직접 상의를 했다고 한다. 물론 현실적으로 모든 기업에서 애플의 스티브 잡스와 같은 천재 경영자를 기대하기는 어렵다. 그 만큼의 뛰어난 미적 감각과 강력한 리더십, 추진력과 창의적 사고를 가진 CEO는 쉽게 나오지 않는다.

그래서 마케터의 역할이 중요하다

이런 역할은 결국 누군가 대신 해줘야 한다. 당연히 마케팅 조직과 마케터가 이런 역할을 해줘야 한다. 마케팅이 존재하는 이유 중의 하나가 바로 CEO가 보지 못하는 혁신적인 비즈니스 모델과 창의적인 아이디어를 발견, 제시하고 그것에 합리성을 부여하는 역할, 그리고 새로 개발되는 상품 및 서비스와 디자인 사이의 다리를 놓아 디자인이 마케팅 현실에서 그 힘을 발휘하도록 하는 역할이다. 앞에서 마케팅은 Creative를 논리로 풀어가야 한다고 했다. 이 말은 바로 사내외의 디자이너들이 풀어가지 못하는 기업 내의 복잡한 역학관계인 R&D와 상품개발, 영업과 제조 부서의 각양각

색 요구를 포용하고, 때로는 감성적으로 때로는 이성적인 논리로 설득하고 이해시켜 공감대를 형성하고 이를 통해 가장 최적의 상품 및 서비스를 개발한다는 의미다.

하지만 애플처럼 완전한 공감대를 기대하기는 어렵다. 그렇기 때문에 더욱 더 마케팅 부서는 Creative라는 이름으로 기업 내의 모든 부서를 앞에서 끌고, 때로는 Push하는 역할을 해야 한다. 또 혁신적인 모델을 창조하기 위해서 최고 경영자로부터 스티브 잡스와 같은 리더십을 끌어내는 것도 마케팅의 사명이다.

결국 마케터의 능력에 달려있다

디자인 경영의 성공을 위해 마케터가 알아야할 두 가지가 있다. 첫째, 디자인 경영은 디자인이 경영의 중심이어야 한다. 이를 위해 총체적인 디자인 체계를 만들어야만 한다. 여기서 말하는 디자인이란 눈에 보이는 상품디자인이나 시각디자인에만 국한되는 것이 아니다. 무형의 서비스를 디자인하고 새로운 비즈니스 모델을 창조하며 기업문화를 재정립하는 차원의 디자인까지도 의미한다.

디자이너와 재봉사의 차이를 생각하면 된다. 세계적으로 유명한 디자이너들은 어떠한 옷을 만들던 자신이 만든 옷을 입을 고객을 먼저 떠올리고 그의 체형과 스타일, 특징, 말하고 행동하는 모습을 떠올리며, 궁극적으로 자신의 옷을 입고 경험할 고객의 삶을 상상한다. 즉 단순한 옷을 만드는 것이 아니라 고객의 경험과 삶을 디자인하는 것이다. 하지만 재봉사는 정해진 밑그림과 모양에 맞게 옷을 만들 뿐, 고객에 대한 관점은 없다.

다시 말해 디자인 경영이라 함은 바로 기업의 전 부문과 조직들이 이러한 관점을 가지고 모든 제품과 서비스, 업무와 비즈니스를 새롭게 디자인하는 경영 체계를 말한다. P&G는 제품 개발과정의 초기단계부터 디자이너가 함께 참여하여 디자인이 제품 개발을 주도할 수 있도록 프로세스를 만들었다. LG전자도 2006년 모든 제품과 서비스를 디자인 중심으로 개발하도록 선언하고 '수퍼디자이너 제도'를 도입하고 있다. 전자업계에서는 휴대폰이나 TV등 주요 가전제품의 경우 사실상 기능의 진보를 통한 차별화 경쟁은 일단락 됐다고 본다. 이젠 디자인이나 마케팅에 따라 영업성과가 결정 되는 시대인 것이다. 결국 이런 흐름이 애플 아이폰의 살아 있는 예와 함께 업계를 뒤흔들고 있다.

최근 연말의 주요 대기업의 임원인사를 보면 디자이너 출신 인재들이 대거 승진해 디자인 조직도 함께 본부 차원의 위상으로 올라가는 현상이 나타나고 있다. 삼성전자, 현대·기아자동차 등 특히 글로벌 경쟁력을 가진 기업일수록 이런 현상을 보이는 것은 이러한 기업들이 디자인 경영을 위해 총체적인 디자인 마인드를 바탕으로 비즈니스 모델을 혁신했기 때문이다.

모두가 디자이너가 되어야만 한다

 둘째, 단순한 조직과 업무의 디자인 차원에서의 혁신뿐 아니라 기업의 모든 조직원들 하나하나의 머릿속에서도 디자인 혁신이 이뤄져야한다. 한마디로 디자인적 사고(Design Thinking)로 거듭나는 것이다. 디자인적 사고는 세계적인 디자인 및 혁신업체 IDEO의 CEO인 팀 브라운이 제안한 것이다.

 이것은 혁신적이고 창의적인 사고의 틀로 모든 것을 개방적으로 확대된 개념으로 생각하고, 통합적인 사고를 통해 기존의 고정관념으로 인해 제한되었던 한계를 깨는 것이다. 그리고 이를 통해 고객 본인들조차도 미처

원하고 있었는지 몰랐었던, 그러나 마주하면 깜짝 놀랄만한 새로운 가능성을 찾아내는 방식을 의미한다.

이를 위해서는 좌뇌 중심의 분석적인 사고뿐 아니라 우뇌중심의 상상력과 창의적인 사고 능력을 배양해야 한다. 이런 맥락에서 기존의 세계적 기업들도 인재 선발 패러다임에 변화를 주고 있다. 과거엔 시장을 예측하고 경영의 체계를 잡아갈 냉철하고 분석력 있는 명문대 MBA출신을 선호했다면 이제는 고객의 감성을 이해하고 고객의 새로운 경험을 상상할 수 있는 능력을 가진 인재를 필요로 하는 것이다. 그래서 나이키, GM, 인텔 등의 기업들은 MBA 졸업생보다 디자인적 사고를 가진 디자인 스쿨 졸업생을 찾고 있으며, P&G는 IDEO와 제휴하여 신시내티에 Innovation Gym이라고 불리는 혁신센터를 세우고 임직원들이 항상 디자인적 사고를 배양할 수 있도록 교육하고 있다. 또 이런 경향에 발맞춰 많은 유수의 명문 경영대학원들이 경영교육과 디자인 교육을 병행하는 새로운 과목들을 만들고 있다.

마케터들이야 말로 이런 디자인적 사고 역량이 가장 뛰어나야하며 본인들 뿐 아니라 타 조직의 모든 구성원들에게 디자인의 중요성과 관련 역량을 전파하는데 앞장서야 한다. 그래야만 마케팅 부서의 혁신적인 아이디어가 다른 부서와의 공감대를 통해 성과로 창출될 수 있다. 만약 타 부서에서 따라오지 못한다면 애플의 뉴튼 PDA 사례처럼 아이디어는 변질되거나 실패할 것이기 때문이다. 마케팅과 디자인은 떼려야 뗄 수 없는 관계이다.

모든 마케터는 뛰어난 디자인 감각을 가져야 하며, 모든 디자이너는 마케터의 현실에 뿌리를 둔 혁신적인 아이디어에 민감해야 한다. 한 기업 내의 두 부서가 이런 관계를 갖고 있다면 그 기업의 마케팅과 디자인은 Creative라는 공통의 뿌리를 바탕으로 기업의 혁신을 이끌어 갈 것이다.

마케터가 알아야 할 크리에이티브 이야기

달의 뒷면을 보라

마케팅 전략은 반드시 남과 다른 차별점이 있어야 한다. 그리고 이러한 차별화를 가능하게 하는 것이 바로 크리에이티브이다. 따라서 훌륭한 마케터를 꿈꾸는 사람이라면 전사 차원의 크리에이티브를 이끌어내고 그것이 제품 개발이나 사업 모델에 적용되도록 방향을 설정할 수 있어야 한다.

한번쯤 해 봤을법한 생활 속 질문

Q. 당신은 왜 비싸더라도 유명한 디자이너의 브랜드를 사는가?
Q. 광고 회사의 기발한 아이디어, 어떤 사람들이 만드는 것인가?
Q. 우리회사에서 과연 나는 브레인인가? 아닌가?

천재는 다르게 본다

디자인 경영을 말하면서 결국 마케팅과 디자인은 사업과 크리에이티브(Creative)를 연결하는 구조적 체계라고 얘기했다. 그렇다면 크리에이티브란 과연 무엇인가?

많은 기업들이 창의 경영, 창조 경영을 내세우며 기존의 레드오션의 사업 분야에서 남들이 하지 않는 창의적인 블루오션을 찾고 창조하기 위해선 크리에이티브가 꼭 필요하다고 주장한다.

2006년, 삼성전자의 이건희 회장은 천재론을 말하며 창조경영을 그룹 전체의 거시적인 비전으로 제시했다. 삼성전자에 이어 많은 기업들이 창조경영을 앞으로의 기업 생존을 책임질 화두로 정했다. 그리고 이때마다 Creative라는 단어가 그들에게 숙제로 주어졌다. Creative는 'Create', 즉 창조하다는 말에서 파생된 '창조적인', '창의적인'이란 말이다. 무에서 유를, 세상에 없던 것을, 남들이 아직 생각하지 못하고 만들지 않은 새것을 만들어낸다는 뜻이다. 그러나 Creative에서 '새것', 즉 'New'의 기본 전제는 다름, 즉 차별성이다.

성경에서 말한 것처럼 태양 아래 새 것은 없다. 우리는 신이 아니기에 무에서 유를 창조해 낼 수 없다. 그러나 남들이 만들지 못한 아이템을 만들어야 하고, 탁월한 사업모델을 이뤄내며, 남다른 마케팅으로 고객을 움직여야 한다. 이때의 Key word가 바로 차별성이다. 모든 경영전략은 차별화에 기초한다. 마이클 포터 교수도 차별화 되지 않은 전략은 전략이 아니라고 단언했다. 모든 경영전략, 특히 기업의 미래 방향타를 잡고 있는 마케팅의 전략은 반드시 남들과는 달라야 한다. 생존을 위해 필수다.

다른 눈을 가진 사람, 크리에이티브 디렉터

크리에이티브라는 말은 주로 광고회사에서 많이 사용된다. 광고회사에서 광고주로부터 광고를 의뢰를 받으면, 해당 아이템에 대해서 광고기획 혹은 마케팅 부서에서 다양한 시장조사와 분석을 통해 아이템의 어떤 면을 부각하고, 그 면을 어떤 이미지로 나타낼 것인지를 정한다. 그 후 크리에이티브 부서는 그 이미지를 위해 구체적인 글(Copy), 시각(디자인/CG), 영상(촬영, 이야기 전개)등의 요소를 정한 뒤 광고를 제작한다. 그러나 이 모든 과정에서 결과물을 책임지고 가장 화려하게 각광받는 사람들이 크리에이티브 부서이기에 이들을 광고회사의 꽃이라고 표현하다. 그리고 그 부서의 핵심리더를 Creative Director(CD)라고 부른다.

CD는 모든 광고제작에 관련된 창의적 아이디어를 총괄, 통제한다. 제작에 관련된 모든 사람들을 이끌고, 팀원들로부터 다양한 아이디어를 끄집어내고 통찰하여, 궁극적으로 광고의 창의적이고 차별적인 모티브를 만들어 낸다. 효과적인 모티브를 정하면, 이를 언어적으로 표현할 카피를 정하고, 시각적인 것을 그려낸다. 광고회사에선 이런 CD의 역할이 절대적이어서 실력과 열정을 겸비한 CD를 확보하기 위한 경쟁이 치열하다. 능력있는 CD의 이동에 따라 광고회사의 명운이 달라지기도 한다.

크리에이티브 조직과 CD는 광고회사뿐 아니라 패션업계에서도 중요한 역할을 하고 있다. 명품 브랜드의 경우 CD의 이름 자체가 브랜드명이 될 정도로 어떤 사람이 CD를 맡느냐에 따라 옷이나 잡화의 디자인과 색상, 그리고 강조하는 콘셉트와 테마 등이 완전히 바뀌기도 한다. 국내 유명 여성 브랜드 의류 업체 등도 해외 경험이 많은 CD들을 영입하기에 과열 경쟁을 하여 언론에 가끔 구설수에 오르기도 한다.

근엄한 대기업, 톡톡 튀는 CD를 찾기 시작하다

크리에이티브는 더 이상 광고나 패션업계만의 것이 아니다. 이젠 모든 기업에게 가장 중요하고, 강조되는 경영 요소다. 앞서 언급했듯이 삼성전자 등 앞서가는 기업들은 크리에이티브 관련 부서를 강화하고 마케팅이나 디자인 부서에 CD제도를 도입해 제품 개발과 홍보 등에 신선한 아이디어를 불어넣고 있다. "마케터처럼 생각하고 크리에이터처럼 행동하라"라는 말이 있다.

마케터는 논리와 데이타로 무장하고 '머리'로 일한다면, 크리에이터는 영감(Inspiration)에 본능적으로 반응하는 '심장'으로 일한다고도 한다. 마케터와 크리에이터는 떼려야 뗄 수 없는 관계다. 훌륭한 마케터는 크리에이터여야만 하고, 훌륭한 크리에이터는 마케터의 현실 감각을 갖고 있어야만 한다. 이 말은 마케터는 반드시 창의적이어야 하지만 동시에 매출과 수익을 담는 데이타에도 민감해야 함을 의미한다. 숫자로 연결되지 않은 아이디어는 마케터에겐 의미가 없다. 반면에 크리에이터가 처음부터 숫자에만 연연한다면 아이템에 대한 아이디어는 제약을 받을 수밖에 없고 상식을 뛰어넘는 참신하고 획기적인 아이디어는 기대하기 어렵다. 하지만 현실과 분리된 디자인은 예술일 뿐이다.

디자인은 동시대와 호흡해야 하고 사람들의 삶에 변화를 주고 더 나은 삶을 살 수 있도록 도와야만 한다.

이 두 사람은, 때로는 서로 상반되는 견해로 다투기도 하겠지만 궁극적인 접점을 찾기 위해 투쟁한다. 그래서 세계적으로 유명한 크리에이터들은 마케팅의 기본을 알고 있다. 세계적인 광고회사 벤슨 앤 보울의 모든 CD들은 "팔지 못하는 것은 크리에이티브가 아니다(It is not creative, unless it sells.)"라는 말을 끊임없이 교육 받는다. 오길비 앤 매더의 전설적 CD인 노만 발리(Noman Bally)도 광고에서 마케팅 전략과 크리에이티브의 관계를 "논리에서 마술로(From Logic to Magic)"란 말로 함축했다. 마케팅의 로직이 광고 크리에이티브의 시작임을 강조한 것이다. 마케팅의 목표가 현재의 시장 상황을 바탕으로 차별화된 전략을 수립하는 것이라면 크리에이티브는 이 전략을 소비자와 시대의 이미지로 함축시켜 사람과 사회를 감동시키는 것이다.

훌륭한 마케터를 꿈꾼다면 전사적으로 크리에이티브를 끄집어내고 제품개발이건 사업모델 디자인이건 창의적으로 이루어지도록 리드하고 방향 설정을 할 수 있는 능력을 키워야만 한다. 마찬가지로 성공하는 CD를 꿈꾼다면 마케터의 논리와 데이타를 좌뇌에 간직해야 한다.

기업 문화를 바꿔야 모두 크리에이티브해 진다

광고나 패션회사가 아닌 일반적인 기업이 창의적인, 크리에이티브한 기업으로 성공하려면 몇몇의 천재적인 CD나 인재의 영입으로는 될 수 없다. 기업 문화 자체가 크리에이티브한 아이디어를 존중하고 모든 문제를 창의적인 방법으로 해결하는 데서 변화는 시작된다. 천재적인 CD로 인해 한, 두개의 혁신적인 상품이 나오고 세간의 주목을 받을 수는 있겠지만 구성원의 크리에이티브에 대한 공감이 없다면 그 변화와 혁신은 지속되지 않는다.

지속 가능한 변화와 혁신을 위한 공동체 공감의 크리에이티브는 마케팅 부서가 책임져야 한다. 이러한 조직문화를 만드는 전략 또한 중요한 마케팅 전략의 하나이기 때문이다. 그리고 내부 고객인 직원들의 공감도 끌어내지 못하는 마케팅 부서가 어떻게 고객들의 마음을 얻겠는가?

더 나아가 CEO는 몇몇의 천재 혹은 뛰어난 CD를 통해 기업의 크리에이티브를 추구하기보다는 소통을 통해 전사적인 크리에이티브를 창조해야 한다. CEO에서 일반사원까지 마케팅의 논리와 데이타를 존중하고 구성원의 작은 목소리와 아이디어에 민감하게 귀 기울여야 한다. 소통하고 공감하는 조직문화를 통해 사내에 널려있는 작지만 창의적인 아이디어들을 잘 담기 시작하면 집단적이고 전사적인 크리에이티브 공유가 시작된다. 사내

직원들의 아이디어를 무시하고 외부에서 CD를 영입하는데 혈안이 되고, 유명하다는 컨설팅회사에 의존하는 회사는 점점 더 경직되기만 할 것이다. 설령 외부에서 탁월한 크리에이티브가 들어오더라도 기업의 모든 구성원에게 수용되어, 기업 활동의 훌륭한 결과로 이어지기도 어려울 것이다. 앞에서 언급한 애플의 스티브 잡스도 뛰어난 외부 디자이너를 영입하고자 노력했으나 결국엔 자기 식구였던 조나단 아이브를 찾아냈다. 그리고 그런 그에게 전폭적으로 힘을 실어주었을 때 지금의 애플이 될 수 있었다.

그렇다면 어떻게 하면 기업 내에서 크리에이티브를 극대화 할 수 있을까? 그리고 이 과정을 어떻게 마케팅 조직과 마케터가 리드 할 수 있을까? 두 가지 Keyword로 살펴보자.

크리에이티브 키워드1-콘텐츠

첫번째 Keyword는 '콘텐츠'다. 콘텐츠의 사전적인 의미는 '어떤 것의 안에 든 내용물', '책, 연설, 프로그램 등의 내용'을 뜻한다. 콘텐츠는 반드시 실체가 있어야 한다. 아이디어가 많다고 말로만 떠벌이는 것이 아니라 그림이든, 글이든 실체화시켜야 한다. 그리고 그 실체를 통해 다른 사람들과 소통하고 공감할 수 있어야 한다.

특히 마케팅 부서를 중심으로 수많은 콘텐츠를 창출해내야 한다. 세상엔 말 많은 사람은 많지만 콘텐츠가 있는 사람은 많지가 않다. 솔직히 말로만 떠든다는 건 자기의 생각이 아닌 남 얘기를 하는 경우가 많으며, 설령 자신만의 생각이라 하더라도 제대로 된 콘텐츠로 만들 수 없다면 그것은 차별화된 전략이나 아이템으로 구체화 될 수 없다. 뛰어난 마케터나 CD들은 대부분 메모지, 노트북, 태블릿 PC 등을 늘 휴대하고 본인의 아이디어 혹은 남의 얘기를 들으며 스케치하거나, 카피를 써놓고, 때로는 알지 못하는 표나 도형으로 생각을 정리해 놓는다. 이렇게 하나의 콘텐츠로 정리된 아이디어에 살을 붙이고 브레인스토밍을 통해 완성도를 높이면 차별화된 크리에이티브가 된다.

처음부터 크리에이티브한 콘텐츠를 기대하기는 어렵다. 어떤 형태로든 콘텐츠가 쌓이고, 그 콘텐츠를 통해 기업 내부에서 크리에이티브가 공유되고 공감 되어가는 과정을 거치는 것이 중요하다. 기업이나 조직을 보면 항상 이런 아이디어나 콘텐츠를 생산하는 사람은 정해져 있다. 다른 사람들은 마치 자신들은 머리나 생각이 없고 입만 살았다는 듯, 말만할 뿐 아무것도 만들지 않는다. 물론 이들도 콘텐츠 생산자를 흔히 브레인이라고 부르며 인정해 주고 키워주기도 하지만 대부분의 경우, 특히 부정적 시각으로 깎아내리기를 일삼는 이들은 브레인들이 만든 콘텐츠를 비판하고 부족한 점을 꼬집으며 흠집 내기에 급급하다.

물론 최고 경영자가 이런 상황을 인식해서 훌륭한 콘텐츠 생산자에게 지속적인 모티브를 제공한다면 모르겠지만, 그런 환경이 지속적으로 이어진다면 뛰어난 역량을 갖춘 브레인들은 콘텐츠 생산을 포기하고 회사를 떠나거나 다른 다수의 사람처럼 남의 콘텐츠를 비판만 하는 '극히 평범한 직원'으로 전락하여 책상만 차지하게 될 것이다.

최근 인터넷과 SNS의 발전으로 인터넷에 접속만 하면 무한한 콘텐츠를 얻을 수 있다. 물론 좋은 콘텐츠와 불필요한 콘텐츠가 혼재하지만 적절한 콘텐츠를 발견하고 조합하고 발전시키면 자신의 아이디어로 승화시킬 수 있다. 결론적으로 좋든 나쁘든 조직 내에 콘텐츠가 넘쳐나기 시작하면 크리에이티브가 자라날 수 있는 토양은 갖춰진 셈이다.

다국적 광고회사 디디비 니드햄 월드와이드(DDB Needham Worldwide)에서는 크리에이티브의 기본 전제를 R. O. I.라고 정리했다. R. O. I는 각각 Relevance(적절성), Originality(독창성), Impact(임펙트)를 말한다. 즉, 모든 크리에이티브는 그 자체로써가 중요한 게 아니라 비즈니스 사안에 적절히 적용돼야 한다. 또 반드시 다른 곳에서는 보지 못한 독창성이 있어야 하고 대중들이 주목할 수 있는 임팩트가 있어야 한다.

기업 내에서 이런 크리에이티브의 토대를 만드는 주체는 마케팅 부서다. 마케터들은 끊임없이 시장과 고객의 목소리와 경쟁사동향, 내외부의 데이터와 다양한 콘텐츠를 기업에 공급해 전사적으로 크리에이티브에 대한 공감대를 끌어내야 한다. 이렇게 잘 다듬어지고 키워진 크리에이티브는 차별화된 상품과 사업모델이라는 열매로 맺어질 것이다. 물론 이 과정을 자극하고 관리하고 리드하는 임무는 마케터들의 몫이다.

크리에이티브 키워드2-영감(Inspiration)

두번째 Keyword는 '영감(Inspiration)'이다. 영감은 예술적 창조를 가능케 하고 그 에너지를 끌어내는 자극을 의미한다. 그리고 모든 뛰어난 크리에이티브는 사람에게 영감을 준다. 영감 없는 브레인스토밍이나 회의는 딱딱한 아이디어의 나열일 뿐이다. 최근의 제품이나 서비스 등은 여러가지 다양한 요소들이 복잡하게 Fusion되었지만 매우 심플하고 단순한 모델을 지향한다. 이렇게 복잡함을 간결한 콘셉트로 규결하는 힘, 영감이다.

서로의 다른 생각을 접목시켜 하나의 크리에이티브한 결론을 도출하기 위해선 모두가 공감하고 이해하기 쉬운 직관적이면서 오감으로 느낄 수 있는 강렬한 그 무언가가 있어야 한다. 말로는 표현할 수 없지만 그야말로 온몸으로 느껴지는 그 무엇! 때론 청각적, 혹은 시각적, 후각적으로 느낌이 왔을 때 사람들은 "아… 그거…뭔지 알겠다."라고 말하는 것이다. 모든 사람의 고개를 끄덕이게 만드는 힘, 영감이다.

훌륭한 CD들은 자신의 영감을 공감할 수 있게 자신의 크리에이티브를 단순, 명료하게 설명한다. CD가 자신의 크리에이티브를 설명하는데 2~3분 이상 걸리면 그는 100% 실패한다. 20자 안에, 단 10초, 단 1분 만에 자신의 영감을 전달해야 한다. 비즈니스 모델도 마찬가지다. 복잡하고 수많은 상품과 서비스가 쏟아지는 세상에서 직관적인 심플함으로 고객들의 주목을 끌지 못하면 그 사업은 실패한다.

이런 영감을 크리에이티브에 접목하기 위해선 기업 내 회의 문화부터 바꾸어야 한다. 많은 기업이 기계적인 회의를 하고 상명하복의 의견 개진을 하고 있다. 그리고 이렇게 구성원의 공감 없이 상품을 개발하고 서비스를 진행하다, 결국엔 각 부서가 따로 놀고, 계획이 번복돼서 시간과 비용을 낭비하게 된다.

Prophet社만의 특별한 PLAY STUDIO 방법론

세계적인 브랜드 전략회사인 Prophet에서는 PLAY STUDIO라는 방법론을 개발하였다. 크리에이티브를 도출하고 공유하는 자리에서는 반드시 서두에 Inspiration Session을 가지고 지향하는 방향을 오감으로 공감한다. 영감을 주는 그림을 감상하고, 음악을 함께 들으며, 공원을 어슬렁거리기도 하고, 사람들을 만나 맥주를 마시기도 한다. 수많은 사진과 이미지들을 보면서 서로의 생각과 일치하는지 안하는지 게임을 하기도 한다. 어쩌면 바쁜 시간에 쓸데없이 시간을 허비하고 노는 것처럼 보이지만 사전에 미리 영감을 나누고 모든 사람들이 같은 방향의 크리에이티브를 도출하고 받아들일 준비가 돼 있다면 오히려 본격적인 일은 일사천리로 진행 될 것이다. 그리고 그 공감과 영감의 힘은 파괴력있는 아이디어로 변하여 세상을 놀라게 할 것이다.

크리에이티브는 기업의 새로운 에너지다

　기업들에게 크리에이티브는 생명이다. 레드오션을 벗어나 차별화된 블루오션을 찾기 위해선 기업의 크리에이티브한 자양분은 필수다. 그리고 기업의 차별화된 열매를 맺게하는 밑거름이다. 말로만 창의성을 주장하고 강조할 것이 아니다. 마케팅 부서부터 변하고 고정관념에서 벗어나야 한다. 크리에이티브한 콘텐츠를 끊임없이 생산해 전사에 공급해야 한다. 일복 많은 마케터에게 주어진 또 하나의 숙제다.

" **Communicate Course**
기존의 방식을 뛰어넘는 기발한 고객 공감의 방법론 : 탄탄한 마케팅의 기본 위에 고객의 마음을 훔치는 마케터가 되라. 끊임없는 고객과의 소통과 구애를 통해 고객의 마음을 얻는 마케팅이 진정으로 오래가는 마케팅이다. "

21 STORIES WHICH MARKETERS SHOULD KNOW

Third Step

Communicate Course

공감의 방법론

프로모션 이야기
바람이 멈추면 풍차는 돌지 않는다

채널 이야기
소통하면 '통'한다

가격 이야기
한 편의 마케팅 매직쇼

제휴마케팅 이야기
고객을 위한 종합선물세트

문화마케팅 이야기
문화+경영은 남다른 브랜드 품격이다

마케터가 알아야 할 프로모션 이야기

바람이 멈추면
풍차는 돌지 않는다

지난 10년간 고객들은 크게 달라졌는데 그 고객을 끌어와야 하는 프로모션 방식은 크게 달라진 것이 없다. 새롭고 혁신적인 프로모션을 기획, 전개하기 위해서는 제조사와 유통사가 함께 머리를 맞대고 전략을 수립해야 한다.

한번쯤 해 봤을법한 생활 속 질문

Q. 왜 우린 1+1 제품에 끌릴까?
Q. 시음, 시식 행사를 수시로 여는 이유는?
Q. 왜 대형마트의 전단들은 하나같이 비슷할까?

프로모션, 제품의 기를 살리는 자양강장제

제품이 개발되어 시장에 처음 얼굴을 내밀고 제 몫의 인기를 누리다 수명을 다하는 그날까지, 제품과 함께 운명을 함께하는 활동 중 중요한 하나가 바로 판촉, 프로모션이다. 아무리 획기적이고 좋은 상품도 프로모션을 통해 고객에게 알려지지 않으면 결코 고객에게 상품의 존재를 알릴 수 없다. 고객이 먹어보고, 입어보고, 써보게 함으로써 제품은 비로소 이름값을 하기 시작하는 것이다. 마트의 매대에는 이미 수많은 같거나 비슷한 수많은 상품이 포진되어있기 때문이다.

시장을 선점하고 고객에게 선택되기 위해 치열한 혈투를 각오해야 한다. 하루가 멀다 하고 신제품들은 끊임없이 쏟아지고 있다. 이런 상황에서 고객의 주목을 끌기 위해, 간택을 받기 위해 부단한 노력을 하지 않으면 안된다. 매출 증대는 커녕 전년도 매출도 기대하기 어렵다. 아무리 압도적인 시장점유율을 가진 1등 제품이라 하더라도 꾸준히 프로모션을 하지 않으면 경쟁사에게 매출은 물론 자리까지 뺏길 수밖에 없다.

프로모션의 종류

프로모션은 목적과 유형에 따라 여러 가지가 있다.

신제품의 출시를 위해 대대적으로 수행되는 런칭 프로모션, 매일 매일의 매출을 촉진하기 위해 수행하는 판촉 프로모션, 시즌 정리와 재고 처리를 위한 처분 프로모션, 특별한 이벤트(월드컵이나 올림픽, 운동경기 등)나 명절, 기념일을 위한 이벤트/사은 프로모션, 마지막으로 전 고객을 대상으로 하지 않고 CRM이나 회원고객을 위해 차별적으로 판촉을 하는 개객 프로모션 등이 있다.

런칭 프로모션은 프로모션 활동 중에서 가장 주목을 받고 또 많은 비중을 차지한다. 수십억 원에서 많게는 수백억 원의 개발비를 투자하여 개발한 신상품을 시장에 내놓을 때 TV나 온라인, 신문, 잡지 등의 매체를 통한 광고는 물론이고 마트에서도 대대적인 시식이나 증정, 샘플상품, 팜플릿과 홍보책자 배포 등의 바람몰이가 필요하다.

　매일 매일의 매출 증대를 위한 판촉 프로모션도 중요하다. 마트에서 판촉사원을 통한 시식이나 증정 행사 등은 실제로 해당상품의 매출을 통상적으로 20~30%이상 높여준다. 마트의 신문광고나 전단지행사에 얼마나 동참하고 효과적으로 수행하느냐가 제조사나 유통사에 매우 중요한 요소가 되는 것이다.

성공적인 프로모션을 위해 머리를 맞대라

그 외의 프로모션들도 시기와 방법에 따라 그 성공이 좌우된다. 하지만 대개의 경우 전년도의 실적을 기반으로 목표를 설정하고 기존에 해오던 방식을 그대로 답습한다. 새롭고 혁신적인 프로모션의 기획과 전개를 위해서는 제조사와 유통사가 같이 머리를 맞대고 전략을 수립해야 한다. 제조사 시각에서의 고객에 대한 이해와 유통사 시각에서의 이해는 그 방향과 깊이가 다르다. 다르기 때문에 그래서 더욱 더 상호 협의해야만 한다. 그런데 항상 마트 등 대형유통사와 대형제조사의 접점에 일하는 실무자, 즉 양측 마케팅 부서간의 커뮤니케이션은 전무하다. 물론 제조사의 본사 영업부서와 유통사의 본사 바잉/구매 부서들이 1차적으로 만나고 제조사의 지역영업부서들과 유통사 점포의 매장관리자들이 상시적으로 만나긴 한다.

하지만 정작 대형마트의 마케팅 전략을 리드하는 본인이 제조사의 마케팅 책임자를 만나본 적은 별로 없다. 마케팅 부서 차원의 만남은 그리 어려운 일도 아닌데 말이다.

마케터끼리 머리를 맞대고 혁신을 모색해라

앞에서 언급한 프로모션들은 모두 중요한 영업활동들이며, 특히 유통의 마케터들에게는 어쩌면 업무의 시작이자 끝이라고까지 할 수 있다. 사실상 몇 년 전까지만 해도 유통의 마케팅부서라 하면 오직 이런 판촉활동만 챙기는 판촉 부서였던 것이 사실이다. 판촉활동을 챙긴다는 의미도 제조사들과 협의하여 전략적이고 새로운 방식을 개발하는 것이 아니라 전년매출과 관련 활동을 근거로 바잉이나 구매부서에서 제시하는 상품을 전단지나 광고지, 매장의 ISP(In Store Promotion)[1]등을 보기 좋게 해주는 수준에 그쳤다.

하지만 최근 들어 유통 분야에서도 새로운 비즈니스 모델을 개발하고 브랜드의 중요성을 인식하면서, PL(Private Lavel, PB(Private Brand)라고도 함) 상품이 활성화 되고 그 상품의 수익성 관리의 중요성이 부각됐다. 그리고 같은 맥락에서 4P 관점의 마케팅 영역이 내부적으로 자리 잡았다.

반면 제조사에서는 반대로 상품 런칭의 경우를 제외하고는 프로모션의 영역은 마케팅이 아닌 영업부서의 소관이다. 그리고 제조사 역시 유통사

---

1 매장 내 촉진활동을 말한다. 한 통계에 의하면 간단한 식음료나 소비 빈도가 높은 제품은 구입 품목의 7,80%가 점포 내에서 의사결정이 이뤄진다고 한다. ISP는 이런 소비자를 위해 진열에서 부터 가격 표시, 제품 정보 제공, 다양하고 기발한 POP(구매시점광고)와 같은 매장 내의 모든 촉진 활동을 말한다. 과일, 생선, 야채 코너에서 총각 점원들이 시원한 목소리로 가격 할인을 알리는 것도, 예쁜 아가씨들이 제품 패키지 색상과 비슷한 유니폼을 입고 시식 및 시음 행사를 하는 것도, 심지어 추석 때 한복을 입고 선물세트를 파는 것도 여기에 포함된다.

와 마찬가지로 전년 실적을 기반으로 작년 판촉을 했던 시기, 해 왔던 방식으로 행사를 진행해 왔다. 그러나 성과를 끌어올리기 위해서는 전보다 더 많은 비용을 투여할 수밖에 없는 환경에 이르렀고 그럼에도 불구하고 결과적으로 투자 대비 효과가 저하되니 상당한 스트레스를 받고 있는 게 사실이다.

유통사의 바잉/구매 부서와 제조사의 영업부서 간의 공통점은 단기 영업실적이 가장 중요한 KPI라는 것이다. 마케팅 부서의 경우 브랜드, MS, 수익, 효율, ROI 등 다양한 영역을 책임지기 때문에 다양한 KPI가 존재한다. 하지만 영업부서는 월단위로 전년대비 몇 %신장했는지, 얼만큼 매출 목표를 달성하였는지의 단기 실적 수치가 가장 중요하다. 그렇다보니 새로운 방식의 모험을 택하기보다는 기존에 했던 행사를 검토하고 거기에 약간의 수정을 더해 리스크를 발생시키지 않는 범위 내에서 프로모션을 기획하고 수행하는 쪽을 택해왔다.

물론 이 방식에도 리스크가 발생되지 않는다는 보장은 없다. 소비자의 성향이나 제품의 트렌드, 시장 상황에 따라 시시각각 변하고 얼마든지 변수는 있으니까 말이다. 그럼에도 불구하고 단기 실적을 요구 받고 그 결과에 목숨을 걸기에 영업부서의 그러한 선택은 어쩌면 당연한 현상일지도 모른다. 하지만 더욱 경쟁이 치열해지고 고객의 눈높이가 높아지는 상황에서 프로모션 영역도 창의적이고 전략적인 혁신이 요구되는 것은 당연하다.

기술이 일반화, 표준화되면서 더 이상 혁신적인 새로운 상품을 만들기도 어려워졌다. 또 전통적인 TV나 신문 같은 고비용의 광고 채널과 함께 인터넷, 모바일, SNS와 같은 신채널 등이 더해져 고객과의 소통 채널이 다양해짐에 따라 단순히 매체 비용을 많이 투입한 프로모션은 성공한다는 보장 또한 사라졌다.

이제는 창의적이고 혁신적인 방식과 채널로 판촉을 해야만 되는 그런 시대가 온 것이다.

성과와 효율을 측정하라

소비재 제조사의 대형 유통매장에서의 성공적인 프로모션을 위한 전략적 방향에 대해 두 가지만 생각해 보자.

첫째, 프로모션의 성과 측정 방법과 효율성 제고 방법 모색이다. 제조사 영업이건 유통사 영업이건 프로모션의 성과는 대부분 프로모션이전 동기간 대비 혹은 전주 대비 매출이 얼마나 신장했는가로 측정한다. 예년엔 비슷한 판촉을 했을때 매출이 30% 신장했었는데, 이번엔 몇% 신장했는지를 비교하고 과거보다 나아졌으면 이번 프로모션은 잘한 것이고, 못했으면 실패한 것이다. 이 방식 외에는 생각해 본적도 없고 굳이 더 복잡하게 할 필요가 있는지에 대해 의문을 갖고 있을 정도다.

프로모션 예산도 작년대비 몇% 더 높이 잡는 게 관례이기 때문에 예산을 절약할 필요도 없다. 오히려 예년의 방식과 다르게 하거나 판촉비를 줄여서 집행했다가 혹시 매출목표 달성에 실패하면 그 책임을 지게 되므로 모험을 꺼려하게 된다. 기존의 방식과 예산으로 했음에도 불구하고 매출이 부진할 경우에도 변명거리는 얼마든지 있다. "경쟁사 판촉이 너무 강했다." 또는 "저쪽에서 신제품이 나왔다." 등등 이 정도는 기본이고 여기에 날씨, 경제, 지역 정서 등까지 변명거리는 끝이 없다. 하지만 지금처럼 과거와 같은 고속 성장을 담보할 수 없는, 불경기가 장기화 되어 비용에 대한 통제가 요구되는 감속경영의 시대에는 과거와는 다른 프로모션 전략을 수립해야 한다.

먼저 지금까지 해오던 다양한 유형의 프로모션 중 효율이 높은 것과 낮은 것들을 분석해야 한다. 상품 출시 프로모션의 경우에도 어떤 판촉 활동을 했는지, 해당 카테고리에서도 판촉이 효과가 있는 상품과 효과가 적은 상품이 어떻게 나눠지는지 등을 분석해야 한다.

또 경쟁사의 경쟁제품 프로모션 방법과 얼마나 겹치고 다른지, 비슷한 시기에 비슷한 판촉을 했을 때 어느 쪽이 더 효과적이었는지, 마지막으로 똑같은 판촉을 했을 때 지역적으로, 점포별로 효율이 얼마나, 어떻게 다른지 등을 살펴봐야 한다. 물론 이런 성과에 대한 측정이나 분석에 대한 시도를 안 해본 것은 아닐 것이다. 당연히 제조사 영업부서는 유통사의 바잉 부서에 프로모션의 성과분석에 대해 문의했겠지만 돌아오는 반응은 무조건 더 많은 비용과 자원을 자사 매장에 쏟아야 한다고 우겼을 것이다. 유통사든 제조사든 단기영업에 쫓기고 있는 입장에서는 그 방법이 무엇이든 프로모션을 안하는 것 보다는 무조건 매출에 도움이 된다고 생각하기 때문이다.

머리를 맞대고 눈을 맞추면 좋은 일이 생긴다

하지만 유통사의 마케팅 부서는 이러한 프로모션의 성과를 측정하고 분석할 수 있는 다양한 데이터와 Tool을 가지고 있다. 단지 그동안 한 번도 이런 얘기를 제조사의 영업부서나 마케팅 부서와 함께 진지하게 나눠본 적이 없을 뿐이다.

이미 대부분의 대형 유통사는 CRM 시스템을 구축하여 고객과 상품을 연결하여 분석할 수가 있다. 프로모션 이력 및 캠페인들을 관리할 수 있는 시스템도 갖춰져 있어서 비슷한 시기에 경쟁제품들이 어떤 형태의 활동을 했는데, 어느 쪽 판촉이 더 많은 고객수를 확보했는지, 한번 구매한 고객의 수량은 어느 정도인지도 알 수 있다.

단가는 어떤지, 판촉하지 않는 제품 판매는 오히려 얼마나 줄었는지, 그래서 수익적인 측면에서는 남는 장사인지 아닌지, 마지막으로 판촉 행사 때 구매한 고객들은 자사 제품에 대해 충성도가 있던 고객이었는지 아니면 행사 상품만 구매하는 Cherry picker[2]들이었는지 등 기존에는 전혀 알 수가 없던 다양한 데이타와 분석 내용들을 갖고 있다. 또한 마케팅 부서는 단순한 매출뿐만이 아니라 수익성이나 고객의 충성도와 집객력까지 고민을 하기 때문에 때로는 영업에서 원하는 카테고리의 수익성만 깎아 내리고 고객들에게 식상함을 주는 소모적인 프로모션을 장기적인 관점에서 자제시키고자 다른 홍보 전략을 연구하고 있다.

물론 기존의 방식과는 다른 혁신적인 방법을 찾는다는 것이 쉽지 않다. 그러나 매장 내에서 일어나는 다양한 데이터를 갖고 제조사와 유통사의 마케팅부서가 머리를 맞대고 의견을 나누면 보다 효과적이고 효율 높은 판촉행사를 디자인할 수 있는 단서를 찾을 수 있을 것이다.

---

2 직역하면 다양한 과일이 있는 접시에서 신맛 나는 과일은 손도 안대고 달콤한 체리만 집어먹는 얌체를 말한다. 미국의 신용카드 회사에서 이 용어를 만들었다는 설이 유력하다. 사용 실적은 적으면서 혜택만 누리는 고객을 걸러낼 때 쓰는 표현이다. 홈쇼핑에서는 사은품을 노리고 잔뜩 주문했다가 행사에 떨어지면 제품을 반품하는 소비자, 비싼 모피를 주문해서 연말 동창회에 입고 나갔다가 다시 반품하는 사람 등을 말한다. 마트에서는 1+1일때만 특정 제품을 구매하는 사람, 할인할 때만 구매하는 사람, 사은품을 줄 때만 사는 사람을 말한다. 기업의 입장에서는 얄미운 '얌체 고객'이고 소비자 입장에서는 '실속있고 영악한 소비자'다. 최근에는 보유한 신용카드의 혜택과 누적 포인트를 알려주는 스마트폰 무료 어플리케이션이 나왔을 정도다.

새로운 방법을 두려워하지 마라

둘째, 프로모션의 방식과 채널도 변해야한다. 경쟁사의 눈치를 보며 비용 경쟁하고, 효과와 효율도 이전만 못한 전통적인 매장 내에서의 판촉 행사나 전단 행사로 매출이 결정되던 시대는 지났다. 일반적으로 진행되는 대대적인 가격할인이나 증정으로는 고객의 충성도를 높일 수 없다.

이제는 개별고객에게 제품에 대해 어필하고 동시에 붙잡아 놓는 프로모션을 해야 한다. 유통사의 CRM 시스템을 통해 자사 상품을 어떤 고객들이 구매하는지 면밀히 파악하고 주기적으로 구매하는 고객에게 접근할 것인지, 오히려 경쟁사 제품만을 구매하는 고객들을 Win back[3]시킬 것인지, 부동층인 고객의 발목을 완전히 붙잡을 것인지 정해야 한다. 이를 바탕으로 SNS나 이메일, 혹은 매장 내 Wifi에 기반 한 스마트폰 어플로 개별적인 메시지를 보내 고객으로 하여금 나에게만 특별한 혜택을 제공한다는 느낌을 줘야 한다.

상품 런칭이나 시즌 상품 처분 때에도 가장 효율이 높은 방법은 충성도가 높은 고객에게 직접적으로 메시지를 전달하고 특별한 혜택을 제공해서 그 고객의 기분을 좋게 하는 것이다.

그러면 그 충성도 높은 고객들의 구전 효과를 통해 프로모션 바람몰이가 강해지게 된다. 이 방법은 막대한 비용을 투입한 행사나 전단, 사은행사, 엄청난 폭의 가격인하보다 장기적으로 효율이 높다.

마케팅의 최전방에 프로모션이 있다

마케팅의 4P 중 가장 고객 변화에 민감한 영역이 프로모션이다. 그러나

3) 경쟁사의 제품 대신 우리 회사의 제품으로 고객의 카트를 채우는 걸 말한다. 한마디로 고객의 마음을 뺏는 것이다. 브랜드의 맥락에서는 Brand Switching으로 보면 된다.

다른 영역들이 새롭고 과감한 시도나 전략적인 변화를 추구할 때 프로모션은 할인점을 중심으로 근대적인 유통이 자리 잡은 10여 년 전이나 지금이나 크게 달라진 것이 없다.

고객들의 구매행태나 라이프 스타일이 10여 년 동안 엄청나게 변했는데도 말이다. 마케팅 부서에서는 프로모션을 전략적인 영역이 아닌 매출 챙기기 급급한, 영업부서에서 수행하는 단순한 업무로 치부해 왔다. 그 대신 좀 더 고차원적으로 보이며 내세울 수 있는 상품 개발이나 브랜드 업무에만 집중해 왔다.

이제는 제조사의 마케팅도 프로모션의 혁신을 위해 새로운 전략을 적극적으로 연구해야 한다. 유통사 마케팅 부서와의 협업[4]을 통해 프로모션의 질과 수준을 끌어올려야 한다. 이런 노력은 유통사의 마케팅 부서도 마찬가지다. 양쪽 모두에게 고객은 소중하다. 모두에게 평생의 화두다. 끊임없이 협업하고 연구해서 경쟁 상대를 이기고 상생할 수 있는 앞으로의 10년을 위한, 효율적인 프로모션 방법을 찾아내야 한다.

---

[4] 협업, Collaboration. 협업은 단순히 두 사람의 협동을 의미하는 것이 아니다. 음악에서 듀엣이나 단순히 한 부분을 도와주는 피처링과도 차원이 다르다. 콜라보레이션은 서로 다른 영역, 다른 색을 가진 전문가, 아티스트가 만나 따로 해서는 할 수 없었던 차원이 다른 제 3의 영역의 작품, 결과물을 내놓는 것을 말한다.

마케터가 알아야 할 채널 이야기

소통하면 '통' 한다

고객과의 소통을 생명으로 하는 마케팅 부서는 기업의 커뮤니케이션 전략을 어떻게 수립할 것인가를 고민해야 한다. 실시간 소통채널로 부상한 블로그와 SNS를 활용해 고객 이야기를 끊임없이 듣고, 고객에게 하고 싶은 이야기를 제대로 전달하는 마케터는 앞서가는 커뮤니케이터로서 자격이 충분하다.

한번쯤 해 봤을법한 생활 속 질문

Q. 당신이 제품을 구매할 때 어떤 광고를 보고 살까?

Q. 싸이는 어떻게 국제 가수가 되었을까?

Q. 세상에서 갖가지 소문을 가장 빠르게 퍼트릴 수 있는 방법은?

광고는 돈 먹는 하마인가?

마케터에게 있어 가장 중요한 미션 중 하나는 고객과의 소통 즉 Communication이다. 아무리 좋은 상품과 서비스를 개발해 출시해도 그걸 고객이 모르면 아무 소용없다. 애플 아이폰이나 삼성 갤럭시처럼 언제 나오는지 사람들이 목 빠지게 기다리고, 출시 전날부터 줄 서고 밤새하는 제품이 아닌 이상 어떻게 하면 효과적으로 자사의 제품을 고객들에게 알리고, 고객의 반응을 불러올지 고민해야 한다. 여기에 그 반응을 일일이 체크하고 그 반응을 매출과 연결시키는 일련의 활동까지 더하면 제품을 고객에 알린다는 건 정말 많은 비용과 노력이 들어가는 일이다.

마케팅에서는 전통적으로 고객과의 커뮤니케이션을 위해 TV, 신문, 잡지, 라디오와 같은 4대 매체, 인터넷 배너나 검색광고 같은 온라인 광고, 지하철과 버스, 전광판 같은 옥외 광고 등 다양한 광고 채널을 활용했다. 하지만 이런 채널들의 특징은 엄청나게 비싸면서, 효과는 짧고, 커뮤니케이션은 일방적이라는 것이다. 물론 임팩트는 있다. 강한 프로모션의 출발로도 효과 있다. 그러나 수많은 광고 속에 순식간에 묻혀버리고, 전달할 수 있는 내용엔 한계가 있는 단점이 있다.

TV 광고를 실행하려면 제작비, 매체 구입비 등을 합쳐 한 달에 기본 10억 원 이상이 든다. 신문광고나 잡지 광고도 최소 5억 원 이상은 들어야 고객들이 인지할 수 있을 만큼 광고 할 수 있다. 물론 한두 번 게릴라성으로 광고할 수 있으나 많은 매체 예산으로 광고 지면과 시간을 확보하지 않으면 고객들의 기억에 남기기는 어렵다. 2000년대 초반 새로운 인터넷 패러다임을 제시하며 떠오른 인터넷 광고 등도 메이저업체인 네이버 다음 등의 배너나 검색광고 등은 오히려 TV나 신문의 가격을 능가한다. 메인 화면의 메인 배너 광고는 오히려 주요 TV 방송의 매체 비용보다 비싸진지 오래다. 그만큼 주목도나 접속률 등이 높게 보장 되는 것은 사실이지만 인터넷 광고는 더 이상 저렴하지는 않다.

ATL과 BTL

앞에서 언급한 4대 미디어 즉 TV, 신문, 잡지, 라디오 광고를 통한 고객과의 커뮤니케이션을 ATL(Above The Line)이라고 부른다. BTL(Below The Line)은 이벤트, 전시, 스폰서십, PPL광고, CRM, DBM 등의 커뮤니케이션 활동으로 4대 미디어를 매개로 하지 않는 커뮤니케이션 활동이다. 최근에는 마케팅 커뮤니케이션 채널로 인터넷을 활용한 블로그(1인 미디어), 카페(커뮤니티)뿐만 아니라 SNS(Social Network Service)인 트위터나 페이스북 등이 BTL의 핵심으로 떠오르고 있다. BTL이 주목 받는 이유는 많다.

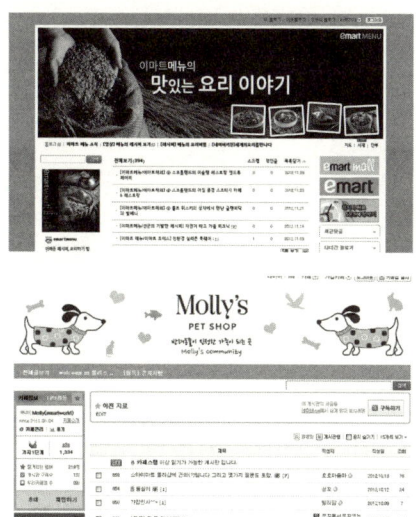

가장 핵심적인 이유는 바로 고객의 변화이다. 고객들이 점차 세분화되고 차별화되고 있는 것이다. 대중(Mass)를 대상으로 하는 미디어를 기반으로 모든 고객을 공략하는 ATL과는 달리 BTL은 세분화된 고객층에게 호소할 수 있는 콘텐츠와 소통방식을 갖고 있다는 점이 가장 큰 특징이다.

또 일방적인 ATL과는 달리 고객들을 능동적 참여와 경험을 유도할 수 있다. 단순히 이벤트 등에만 참여시키는 것이 아니라 상품개발 및 다양한 마케팅활동에 참여할 수 있는 기회를 줄 수 있다. 이런 활동의 적극적인 참여를 통해 고객의 브랜드 충성도와 만족도를 극대화할 수 있다. 게다가 이렇게 세분화된 고객층을 타겟으로 하기 때문에 커뮤니케이션의 효과와 효율도 매우 높다. 또한 데스크 톱 시대의 인터넷에 이어 스마트폰의 시대가 되면서 실시간 댓글과 참여의 시대가 열렸다. 24시간, SNS를 통해 고객과 소통하고 의견을 듣고, 이벤트에 참여 시킬 수가 있게 된 것이다.

이처럼 최신 미디어 트렌드 속에서 BTL이 보다 주목받는 것은 사실이지만 ATL과 BTL의 기계적 구분은 위험하다. 1990년대부터 주목받고 있는 통합 마케팅 커뮤니케이션(IMC)의 맥락에서 효율적이고 효과적인 마케팅 커뮤니케이션을 위해선 하나의 거시적 마케팅 전략 틀 안에서 두 가지 커뮤니케이션 방법을 통합적인 시각으로 보고 다뤄야 한다. 중요한 것 채널의 선택이 아니라 채널을 통한 마케팅 커뮤니케이션의 효과 극대화이기 때문이다.

확산의 힘, 인터넷 미디어

BTL 중에서 최근 가장 기업들이 신경 쓰는 건 역시 인터넷 미디어다. 블로그를 통한 블로그 마케팅과 트위터나 페이스북을 활용한 SNS 마케팅이 마케팅 부서의 핵심 업무가 된 것이다. 불과 몇 년 전까지만 해도 생소했던 블로그 마케팅이나 SNS를 통한 바이럴(입소문)마케팅은 몇몇의 성공 사례를 보면서 주요 기업이 전담인원을 배치하고, 전문 바이럴 마케팅 업체도 마케팅 커뮤니케이션 시장의 블루칩으로 떠오르고 있다.

블로그와 SNS는 둘 다 사적 미디어(Personal Media)이지만 소통의 방법은 다르다. 블로그는 네이버나 다음 등에서 제공하는 블로깅 서비스를 통해 자사의 다양한 정보나 재미있는 이야기, 고객과 나누고 싶었으나 미디어적 한계와 비용 등으로 힘들었던 상품의 뒷이야기나 제품의 상세정보 등의 콘텐츠를 하나하나 축적해 나가는 라이브러리 공간이다. 그래서 블로그 성공의 Key는 얼마나 차별화되고 신선한 이야기를 다루는가, 실생활에 도움이 되고 많은 사람들의 관심을 끌만한 스타일로 운영을 하느냐다.

파워 블로그는 하루 방문객이 수만 명에 이르고 댓글이 수천 건에 달한다. 아무리 시청률이 높은 TV 프로그램 전후에 내보내는 잘 만들어진 광고라도 광고 기업의 목표 타겟인 수만 명에게 주목 받고 피드백을 받는다는 것은 불가능하다. 하지만 블로그를 잘 활용하고 운영을 하면 충성도 높은 고객을 최소한 하루에 한 번씩은 습관적으로 들어와서 활동 하도록 만들 수 있는것이다.

블로그가 고객과 나누는 이야기의 창고라면 트위터나 페이스북[5]은 이런 이야기를 고객과 실시간으로 소통하고 그 공유된 소통의 느낌과 감동까지 확산시키는 엔진이다. 아무리 좋은 내용의 블로그 콘텐츠라도 누군가가 보고 주변 사람들에게 알리고 퍼 나르지 않으면 수만 명의 사람들에게 알려지는데 오랜 시간이 걸린다. SNS가 본격화되기 전에도 파워 블로그는 존재했지만 그런 블로그가 되기까지 엄청난 시간이 걸렸다. 한두 명씩 찾아와도 실망하지 않고 꾸준히 좋은 내용을 자신의 블로그에 올려서 그 숫자가 차츰 차츰 늘어날 때까지 기다리는, 그야말로 인내심이 필요했다. 하

5) 트위터나 페이스북의 무서움은 뭘까? 트위터는 리얼타임이다. 그리고 제한된 단어 수(120자)로 인한 임펙트 있는 메세지 작성이다. 불필요한 단어가 없다. 제품이나 브랜드에 감동을 받았다면 바로 지금, 가장 적절한 단어로 써서 올리는 것이다. 그리고 그 단어들은 또래의 단어이고 동시대의 가장 함축되면서 효율적이면서 효과적인 단어다. 그래서 모든 세대, 계층의 사람과 소통할 수는 없지만 연대하는 동질적인 사람들과는 이해가 있는 소통을 할 수 있다. 페이스북은 트위터보다 라이프스타일 미디어적인 면이 강하다. 싸이월드의 미니홈피도 비슷한 성격이지만 싸이에 올리는 사진이 이벤트성이 강한 사진 중심이라면 페이스북은 일상적이다. 하루 24시간, 자신의 일상을 중계하면서 자신의 삶을 이해하고 공유하고 그 스타일의 추종자들과, 같은 종족들과 소통한다. 마지막으로 둘 다 사람의 수가 가치를 결정한다.
그렇기 때문에 본질적으로 트위터나 페이스북 사용자는 셀러브리티가 되길 원하고 열망한다. 최소한 자신들의 팔로워와 친구 사이에서 자신은 셀러브리티이다. 그리고 다 알다시피 셀러브리티가 사용하는 핸드백, 장신구, 자동차, 심지어 책과 음료수 등은 추종자들에게는 꼭 갖고 있고, 알고 있고, 써봐야 할 필수 아이템이 된다.

지만 지금은 콘텐츠만 좋다면 SNS를 통해 순식간에 수만, 수십만까지도 하루, 이틀 만에 확산 시킬 수 있다.

싸이의 반강제적 미국 진출

최근에 전 세계를 들썩하게 만든 싸이의 '강남스타일'은 SNS의 위력을 가장 잘 말해주는, 아마도 세계 최고의 사례일 것이다. 물론 싸이의 노래, 강남스타일은 재미있고 중독성 있다. 뮤직비디오와 싸이의 캐릭터까지 더하면, 히트칠만한 콘텐츠인 것은 분명하다. 쉬우면서도 누구나 따라하고 싶은 춤, 재미있는 싸이의 표정과 섹시한 여자들의 코믹요소들은 아무리 나이든 노인이라도 동영상을 클릭하고 싶게 만들기에 충분하다.

하지만 그동안 이만한 노래나 뮤직비디오가 없었을까? 엄청난 돈을 들여 훈련시키고, 프로모션한 유명 연예기획사의 가수와 음악도 싸이와 견주어서 손색이 없지 않았나? 그러나 이 중 유독 강남스타일이 뜬 배경에는 SNS 세계의 놀라운 커뮤니케이션 패러다임과 그 세계에서만 가능한

행운이 있었다.

강남스타일의 유튜브 조회건수는 12월말을 기준으로 10억 뷰(View)를 넘으며 세계신기록을 갱신하였다. 강남스타일이 처음 트위터를 통해 언급된 시점은 7월 11일이다. 싸이 측이 강남스타일 티저 뮤직비디오를 게시한 날과 일치한다. 6집 발매에 대한 홍보가 시작됐을 때다. 그 후 입소문을 타면서 7월 15일 공식 뮤직비디오 공개 당시 최고점을 찍게 된다. 일 3,000건 정도까지 올라섰던 강남스타일에 대한 언급(Tweet)건수는 7월 15일 들어 6,922건까지 치솟았다. 확산의 진원지는 걸 그룹 2ne1의 산다라 박의 팬인 해외 트위터 사용자였다. 팔로어는 대략 3만 명대. 하지만 강남스타일의 주목도는 이후 크게 꺾이는 흐름을 보이며 확산의 탄력을 잃어갔다. 7월 30일까지 트위터 최고 언급수는 일 4,800건이 전부였다.

하지만 7월 31일 전혀 다른 새로운 상승 국면에 진입한다. 그 발원지는 정말 놀랍게도 저스틴 비버(Justin Bieber)를 발굴했다는 스쿠터 브라운(Scooter Braun)이 지난 8월 1일 강남스타일에 대해 "어떻게 내가 이 친구와 계약을 안했던 것이지?"라고 언급하며 자신의 트위터에 뮤직비디오를 링크한 것이다. 강남스타일은 이날을 기점으로 터보 엔진을 달게 된다. 8월 1일 강남스타일에 대한 언급은 하루 1만2,586건까지 상승했고, 8월 4일 〈스타크래프트II〉의 게임 디렉터인 션 플롯(Sean Plott)과 8월 6일엔 800만 팔로워를 보유하고 있는 @allkpop이 트윗하면서 1만8,000건까지 치솟았다.

션 플롯은 당일 〈스타크래프트II〉 방송을 전문으로 중계하는 스타크래프트 바에서 경기 시작 전 '강남스타일' 영상을 본 후, 그 소감을 트윗한 것으로 알려졌다. 정리하자면 7월 15일 공식 뮤직비디오 발표를 기점으로 강남스타일의 확산력은 정점을 찍고 보름 넘도록 정체기를 보였다. 하지만 해외의 유명한 인사들의 트윗으로 다시 조명을 받기 시작하면서 '글로벌 뮤직비디오'가 된 것이다. 강남스타일이라는 상품은 성공하기에 충분한 콘텐츠임이 분명하다. 하지만 수많은 대중, 즉 고객과 실시간으로 소통하는 트위터의 막강 엔진 위에 올라타지 못했다면 그저 국내나 아시아 주변 인근에서 조금 주목받은 재미있는 노래로 머물렀을지 모른다.

대기업도 SNS덕을 보고 있다

싸이의 사례뿐 아니라 블로그와 SNS라는 채널을 활용한 성공사례는 많다. 그 중에서 ATL과 BTL의 경계를 허물고 통합 마케팅 커뮤니케이션을 통해 고객들에게 강한 인상을 남긴 사례가 런던 올림픽 시즌의 삼성전자의 골드러시 사례다.

골드러시 캠페인은 올림픽 열기가 한창이었던 7월 2일부터 8월 12일까지 삼성전자 매장이나 온오프라인 광고, 거리 시설물, 삼성전자 제품 등에 숨겨진 스마트메달 QR 코드를 그 당시에 스마트폰으로 찍어서 온라인으로 등록하면 그 개수에 따라 TV나 갤럭시 폰, 노트북 등 상품을 증정하는 방식의, 약 40일 동안 143만 명이 참여한 대형 캠페인이었다. 처음해보는 대규모 QR코드를 활용한 캠페인이라 미숙한 점도 있었지만 결과는 성공이었다. 스마트폰을 제대로 활용하는 인구를 많게 잡아 약 1,500만 명 정도로 봤을 때, 열 명 중 한 명이 캠페인에 참여했다는 것은 ATL과 BTL을 통합해 대중과 타겟 고객의 관심을 동시에 일으킨 좋은 사례로 남기에 충분한 결과다.

해외에서도 페이스북 등 SNS를 활용해 획기적인 매출 증대로 연결시킨 재미있는 사례가 있다. 호주의 세븐일레븐에서 과일음료와 얼음을 믹스한 슬러피라는 음료를 가지고 진행한 마케팅 커뮤니케이션이다. 이들은 2.6달러를 지불하면 매장에서 판매하는 용기가 아닌 고객이 가져오는 용기에 마음껏 슬러피 음료수를 담아갈 수 있다고 캠페인을 전개했다. 어떻게 보면 다른 회사들도 했고, 앞으로도 충분히 할 수 있을 사례 같다. 하지만 옥외광고와 페이스북 등을 통해 "여러분이 슬러피를 원하는 용기에 담아간다면 어떤 용기에 담겠습니까?"라는 이벤트를 통해 고객들이 제 각각 이색적이고 재미있는 방법들을 제안하고, 심지어 고객들 스스로 특이하고 튀는 용기에 음료를 담아 마시는 모습을 직접 찍어 페이스북에 올리는 경쟁이 붙어, 자신이 얼마나 튀고 재치있는 사람인가를 자랑하는 도구로 진화 했다.

그래서 수많은 고객들이 앞 다투어 참가하게 됐고 주변의 친구들에게 소문내서 기대 이상의 마케팅 효과를 얻었다. 슬러피라는 음료가 하나의 최신 트렌드가 되고 자신을 다르게 포지셔닝 시키고 싶은 페이스북 사용자들의 욕구를 자극함으로써 이벤트 진행 단 하루만에 10만 컵을 판매, 전년대비 270% 매출이 증대되는 효과를 가져왔다.

고객과 만나는 지점, 그게 바로 마케팅 미디어다

고객과의 성공적인 커뮤니케이션은 마케터에게는 숙명이다. 대부분의 마케팅을 좀 한다하는 기업이라면 자사의 상품의 성격과 주제에 대한 블로그를 운영하며 자신들과 고객만이 공유할 수 있는 콘텐츠를 누적시키고 있다. 또 자사의 성격에 따라 페이스북이나 트위터를 통해 고객과 실시간 소통한다. 기업 내에서 가장 고객과 시장과 가까이 있는 마케팅부서에서는 새로운 채널인 블로그와 SNS를 활용해 본인들이 고객들에게 하고 싶은 이야기를 원 없이 하고 고객의 이야기를 생생하게 듣고 있다.

지금은 ATL뿐 아니라 BTL을 막론하고 마케팅 커뮤니케이션 채널에 대한 투자는 기본이다. 혹시라도 아직 관심이 없었던 기업이라도, 마케터라면 대기업이건 중소기업이건, 혹은 개인 소상공인이건 무조건, 오늘, 당장, 스터디에 들어가야 한다. 그리고 마케터는 일단 트위터와 페이스북 주소부터 만들어라. 앞으로의 치열한 마케팅전쟁에서 살아남고자 한다면 말이다.

마케터가 알아야 할 광고 이야기

한 편의 마케팅 매직쇼

요즘과 같은 '광고의 홍수' 시대에 어설프게 인지도 있는 모델을 내세워 어정쩡한 이미지로 발신하는 광고는 아무도 모르게 묻혀 버리고 만다. 찰나의 순간에 고객 마음을 사로잡아야 하는 광고는 고도의 혁신성과 창의성이 요구되므로 마케터들에게 가장 어려운 영역이라고 할 수 있다.

한번쯤 해 봤을법한 생활 속 질문

Q. 어떻게 만년 2등 하이트는 OB를 이길 수 있었을까?
Q. 다 비슷해 보이는 광고, 그래도 기억에 남는 광고의 힘은 뭘까?
Q. 슈퍼볼 광고에서 실패한 혼다는 왜 또 다시 실패했는가?

마케팅의 불꽃은 광고에서 점화된다

마케팅의 꽃은 광고다. 마케팅에 관심 많은 대학생과 젊은이들이 가장 들어가고 싶어하는 꿈의 직장은 바로 광고회사다. 유명 광고회사에 다니는 능력있는 CD(Creative Director)들은 그에 맞는 대우와 명예는 물론 인기를 누리고 있다. 방송계와 인터넷에서 유명인사가 된지 오래며, 광고회사 CD들이 쓴 책은 창의적이고 혁신적인 마케팅 아이디어에 목마른 마케터들의 필독서가 되었다. 오랜 기간의 노력을 거쳐 새롭게 개발된 제품이나, 기업의 얼굴이 되는 브랜드의 품격과 이미지를 위해, 엄청난 자금을 투자해 과감히 런칭하는 신사업을 알리기 위해 기업들은 많은 돈을 들여 광고를 한다.

　기업의 입장에선 사업의 시작과 브랜드와 제품의 런칭을 알리는 광고일 때는 계산기 두드리지 않고 과감히 광고에 투자한다. 그렇기 때문에 광고를 담당하는 마케팅 실무자뿐만 아니라 CEO, 최고 경영진들은 지대한 관심을 기울일 수밖에 없다. 만약 만들어진 광고가 의도한 대로 만들어지지 않았거나 소비자들에게 좋은 반응을 얻지 못하게 될 경우 광고 효과는 고사하고 전 직원의 사기 저하, 더 나아가 기업의 이미지에도 문제가 생기는 등 후유증이 상당히 크기 때문이다. 광고주들이 광고제작사에게 감 놔라 배 놔라 간섭을 할 수 밖에 없는 이유이기도 하다. 물론 전문가들에게 믿고 맡기는 게 가장 좋은 방법임에는 틀림없지만 상황이 그렇다보니 광고주인 기업의 압력이 크게 작용하는 경우가 대부분이다.

　광고는 어떤 매체를 이용하느냐에 따라 방법이 달라진다. 그 중 가장 강력한 광고 매체는 TV다. 신문 광고 및 잡지 광고도 전통적인 주요 광고 매체다. 요즘엔 인터넷 및 모바일의 배너나 POP UP 광고와 검색 광고가 기존의 광고 시장 판도를 바꾸고 있다. 여기에 건물 외벽, 현수막, LED 전광판을 이용한 옥외 광고, 지하철이나 버스 등의 대중교통과 승하차장을 이용한 교통광고 등이 있다. 쇼핑몰 같이 사람이 몰리는 장소에도 광고를 위한 깔끔하면서도 화려한 조형물이 주변 환경과 조화를 이루고 있다. 한마디로 사람들의 발과 시선이 머무는 모든 곳이 광고판이다. 그리고 이미 우리가 생각해 볼 수 있는 모든 곳, 그리고 상상하지도 못했던 곳[6]에도 어떠한 형태로든 광고가 소비자들의 눈길을 잡기 위해 자리 잡고 있다.

누가 비싼 광고를 죽이는가?

지난 십여 년간 광고의 형태가 혁신적으로 다양해졌다. 기업의 발전과 제품, 서비스, 산업의 복잡화로 광고시장도 함께 성장했다. 그 과정에서 광고 회사들은 마케터들의 선망의 대상이 되었지만 정작 최근에는 광고계가 위기라고 스스로들 얘기하고 있다. 여러 가지 요인이 있지만 가장 큰 이유는 차별화의 한계다. 즉, 아이디어가 바닥을 드러낸 것이다. 난다 긴다하는 광고의 아이디어맨들이 모여서 끊임없이 연구를 해서 만들지만 정

> 6 2008년 10월 6일, 미국 대선이 한 달 가량 남은 시점에서 미국의 네티즌과 게임 매니아들을 발칵 뒤집은 사건이 일어났다. 사상 최초로 미국 대선 후보가 게임 안에 광고를 한 것이다. 당시 민주당 대선 후보 오바마는 EA사의 XBox용 자동차 게임인 〈번 아웃 파라다이스〉내에 레이싱 도중 나오는 전광판에 광고를 했다. 이 광고는 당시 치열하게 접전 중이던 오하이오, 플로리다, 아이오와, 콜로라도, 인디아나, 몬태나, 노스캐롤라이나, 뉴멕시코, 네바다, 위스콘신 등의 열 개 지역의 게임 안에 등장했다. 물론 다 알겠지만 오바마가 선거에서 이겼다.

말 참신하고 기발한 광고는 생각만큼 쉽지 않다.

아무리 새로운 아이디어를 내봐도 대부분은 어디서든 본 듯한 내용의 카피, 스토리다. 특히 캠페인 성격이 강한 기업 이미지 광고는 천편일률적으로 나눔, 청년정신, 공헌, 대형 스포츠 행사, 환경 등 그 내용이 그 내용이다. 당연히 스토리 또한 비슷하다. 광고의 홍수 속에서 자사의 광고가 비집고 나와 얼굴을 내밀고 고객들의 머릿속에 인식돼야 하는데, 그게 힘든 것이다. 인식을 위해 때로는 유명 연예인을 써서 엄청난 돈을 들여 광고를 해 인식이 높아진 것 같아도, 연예인이 나온 자체만 인식될 뿐, 어느 기업의 광고인지, 무슨 제품의 광고였는지 기억조차 못하는 경우가 허다하다.

게다가 톱스타의 경우엔 많게는 10여개 제품의 광고에 겹치기 출연해서 고객들은 '아 누가 광고 또 하네', '광고 또 찍었네.', '이번 광고는 예쁘게 나왔네.' 하고 말할 뿐 광고 제품과 모델을 연결시켜 기억하지 못하는 경우가 많다. 그야말로 연예인을 위한 15초짜리 영화 한편 보는 것 같은 것이다. 그렇다면 어떻게 하면 비싼 돈들인 광고를 고객들의 머릿속에 인지를 시키고 호감을 불러 일으킬까? 이것은 수많은 광고인들의 영원한 숙제다. 참신하고 기발하며, 차별화된 아이디어를 어떻게든 도출해야만 광고가 그 가치, 돈 값을 하기 때문이다. 아무리 그럴싸한 스토리와 콘셉트 카피라 하더라도 어디서 들어본 듯한, 본 것 같은 광고라면 바로 쓰레기통으로 들어가고 돈은 전파를 타고 사라져 버리는 것이다. 차별화된 광고의 핵심은 차별화된 스토리다. 차별화된 스토리는 해당 기업이나 상품의 특징, 포지션을 확실히 한 후 강조해야 할 점을 찾아내는 것부터 시작된다. 물론 어려운 작업이다. 경쟁사의 상품과 완전히 차별화된 제품 자체가 쉽지 않은 데다가 차별화된 면이 있더라도 그것을 간결하게 표현해서 고객에게 인식시키는 작업은 엄청난 고뇌를 동반한다.

암반수의 전설, 하이트의 신화

광고의 명확한 카피 한마디로 고객의 호응을 이끌어낸 대표적인 성공 사례가 하이트 맥주다. 하이트 맥주가 출시될 때만 하더라도 맥주시장은 OB가 완전히 장악하고 있었다. OB는 당시 맥주의 대명사였고, 브랜드 이미지 및 선호도 또한 하이트 맥주의 전신인 조선 맥주에 훨씬 앞서 있었다.

OB를 따라잡기 위해서는 무엇보다도 단일 브랜드 하이트맥주만의 강력한 차별점 부각이 승부수였다. 당시 국내에서도 환경에 대한 관심이 고조되고 있었고, 제품명, 이미지, 색상, 광고 제작기법 등에서 자연의 순수함을 강조한 그린 이미지가 소비자들에게 좋은 반응을 얻고 있었다. 게다가 공교롭게도 이 시기에 OB맥주와 같은 그룹 계열사인 두산이 '낙동강 페놀 사건'으로 인해 수질오염 주범으로 질타를 받고 있었다. 절묘한 타이밍이 포착됐다. 그래서 하이트 맥주는 '지하 150m, 100% 천연수로 만든 순수한 맥주'라는 면을 강조하면서 "목 넘김부터 다르다, 150m 천연암반수로 만든 하이트맥주"라는 카피와 신선한 맥주가 바위틈에서 솟구쳐 올라오는 영상을 통해 고객들의 마음을 사로잡았다. 그리고 소비자들은 그 당시 절대 강자였던 OB맥주 대신 하이트맥주[1]를 마시기 시작했다. 이때 바뀐 순위는 한동안 지속되었다.

하지만 이러한 브랜드 광고의 성공도 지속적인 브랜드와 제품의 혁신이 없이는 영속될 수 없다. 광고의 승리로 확고한 1등을 유지하던 하이트도 진로와의 M&A 후의 여러가지 진통과 OB맥주의 절치부심의 작품인 젊은 맥주 카스의 약진, 그리고 10년이 넘도록 제대로 하이트에 대한 브랜드와 광고의 후속 혁신 등이 이루어지지 않아 이제는 올드 브랜드가 됨으로 인해 2011년엔 OB에게 맥주 1등의 자리를 다시 내어주고 2012년 최근엔 시장 점유율이 다시 10% 이상이 차이가 나는 등 예전 20년전에 OB맥주와의 전쟁에서 역전을 시켰던 그 반대상황을 하이트가 고스란히 맞고 있다.

일상 속 젊은 이야기, 박카스의 회춘

차별화된 포인트로 매출 증대뿐 아니라 기업의 이미지까지 완벽히 변신한 사례로는 박카스를 꼽을 수 있다. 박카스는 피로회복 드링크로 50년 이상 절대 부동의 위치를 차지하고 있는 제품이다. 동아제약은 박카스로 국내 제약사 중 변함없는 1위의 자리를 차지하고 있으며, 매출 신장이나 이익을 걱정할 필요가 없는 효자 상품이다.

그런 제품이 다시 광고를 열심히 하기 시작하자 많은 사람들은 왜 동아제약이 새삼스레 광고 캠페인을 하는지 궁금해 했다. 하지만 동아제약 나름의 이유가 있었다. 피로회복 및 건강 드링크 분야에서 광동제약의 비타 500이 이효리와 소녀시대 등을 앞세워 젊은 마케팅으로 열풍을 일으키기 시작한 것이다. 박카스의 가장 약한 면, Old함을 건드린 것이다.

박카스는 과거 50년간 국민과 함께해온 절대 부동의 국민 드링크이지만 젊은 세대에게는 나이든 브랜드, 지금은 피로회복제를 주로 찾는 중장년층에게는 너무나 친숙하지만 20~30대에게는 낡은 브랜드였던 것이다. 젊은 층에게는 오히려 비타500이 인기가 있었다. 이 상태가 10년만 지나면 어떻게 될 것인가? 위기는 불 보듯 뻔했다. 지금의 막대한 이익을 미래의 이익과 고객 확보를 위해 투자해야 했다. 이런 상황에서 대부분의 기업은 박카스는 그대로 두고 경쟁사의 제품을 상대할 새로운 제품을 개발하기 마련이다. 비타 500이 인기가 있다면 또 다른 비타민 음료를 만들어 비슷한 브랜드 포지션을 정하고, 광고에 젊은 스타 모델을 기용하는, 비슷한 마케팅을 전개하기 마련이다.

그러나 동아제약은 매우 현명한 전략을 선택했다. 바로 50년도 넘은 박카스란 제품을 다시 젊게 만들기로 한 것이다. 그리고 제품의 가장 핵심인 피로회복에 효과가 크다는 것을 살리면서, 타 경쟁 제품과는 완전히 선을 그을 수 있는 차별화된 카피를 개발했다.

"진짜 피로회복제는 약국에 있습니다." 이 카피는 편의점이나 슈퍼마켓에서도 판매하고 있던 비타 500을 가짜 피로 회복제로 보내버리는 공격적인 카피였다. 광고 캠페인의 스토리와 모델들도 젊은 20~30대의 이제 막 사회생활을 하는 사회 초년병들로 선택했다. 그들의 설레지만 피곤한 일상, 그러나 늘 최선을 다하고 열심히 사는 모습, 그래서 피로를 피하는 게 아니라 피로를 긍정적으로 이겨내는 모습을 다뤘다. 경쟁사의 현실과 동떨어진 스타들이 할 수 없는 얘기를 담아 낸 것이다. 당연히 같은 시간, 같은 공간을 사는 젊은 소비자들의 마음이 움직였다. 감동을 일으켰고, 화제가 됐다. 타 경쟁사들은 따라할 수 없는 박카스만의 특허가 되어 버렸다.

후크송의 유혹, 우루사를 춤추게 하다

이와 비슷한 사례로 대웅제약의 우루사도 있다. 우루사도 박카스와 마찬가지로 이미 수십 년 간 국민영양제 자리를 지켜온 오래된 브랜드다. 그러나 최근 새롭게 등장한 다양한 영양제나 비타민, 특히 외국의 GNC나 센트룸 같은 유명브랜드의 진출, 정관장의 홍삼제품들이 히트를 치면서 우루사는 그야말로 노년층과 장년층만을 위한 낡은 영양제가 된 것이다. 이를 타개하기 위한 광고 전략으로 대웅제약은 우루사만의 기능적 핵심 포인트를 간으로 설정하고 오로지 간 하나로 승부한다는 전략을 수립했다. 그 결과 약간은 생뚱맞고 영문 모를 "피로는 간 때문이야"라는 카피와 재미있고 중독성 있는 CM Song이 탄생한 것이다. 여기에 해외에서 뛰는 현직 축구 선수이면서, 올드 축구팬들의 향수를 자극하는 차범근을 아버지로 둔 차두리를 모델로 기용해 사람들의 의표를 찌른 것도 성공적이었다. 결론적으로 사람들의 머릿속에 피로는 간 때문이고 간에는 우루사라는 공식을 강제주입(?) 하는 데 성공했다. 어떻게 피로 원인이 간에만 있겠는가? 그리고 우루사가 오직 간에만 좋은 약일까? 하지만 여러 가지 메시지로 고객을 혼란시키는 것보다 제일 공감 갈 만한 한 가지 포인트만 잡아, 그것도 노래까지 이용해 강한 인식을 주는데 성공했다. 이제는 초등학생도 피로는 간 때문이고 간에는 우루사라고 알고 있을 정도다.

슈퍼볼을 보는 남자의 이야기, 기아자동차

매년 1월에서 2월 사이에 열리는 미국의 NFL(프로미식축구)결승전인 슈퍼볼 경기는 미국 남자들이 리모컨을 독점할 수 있는, 집에서 아무리 많은 친구들과 아무리 시끄럽게 TV를 봐도 용서가 되는 유일한 날이다. 미국 남자의 대부분은 그날 저녁 식사를 마치고 무조건 TV 앞에 앉아 슈퍼볼 경기를 지켜본다.[2] 일 년 중 TV 시청률이 가장 높은 날이고 시간이다. 그 경기 시간대의 CF는 그야말로 광고 중의 광고이며 방송사의 광고 시간 가격은 약 30초에 40억 원 정도다.

그 짧은 시간에 엄청난 인구가, 그것도 슈퍼볼로 인해 극도로 흥분된 남자들이 집중해서 보는 경기 전후, 사이사이의 광고효과는 세계적으로 유래가 없을 것이다.[3] 세계적 유명 기업들은 그 시간대에 엄청난 돈을 투자해 광고를 해서 그 효과를 톡톡히 누린다. 물론 돈은 돈대로 날리고 사람들의 관심도 끌지 못하는 광고도 있다. 이런 미국 최대의 광고 도박판인 슈퍼볼 광고 중, 2011년 가장 성공적인 광고로 평가받는 광고가 기아자동차의 광고다. 현대자동차와 함께 기아자동차는 미국 시장은 물론 세계적으로 성공한 기업이자 자동차 브랜드로 미국, 일본 자동차와 당당히 경쟁하고 있다. 여기에는 물론 탁월한 자동차 성능과 가격, 그리고 품질 등이 바탕이 됐지만, 차별화되고 창의적인 마케팅, 그 중에서도 눈길을 끄는 기발한 광고도 한몫했다.

2011년 슈퍼볼 광고 중 소비자들이 뽑은 Top3 광고에 기아자동차가 들어갔다. 다른 자동차들이 품질과 속도, 성능에 대한 극히 일반적인 이야기를 말할 때 기아자동차는 한 남자의 꿈에 대해 말했다. 카피는 "A Dream Car, For real life"다. 광고의 내용은 이러하다. 모든 남자들의 꿈인 멋진 자동차를 타고 멋진 여자를 만나 마치 백마 탄 왕자와 같이 거듭나고 싶은 욕망이 전개 되지만 결국엔 침대 옆에서 자고 있는 평범한 와이프에게 돌아온다.
이 광고는 재미있고 참신한 스토리로 인지도와 호감도를 극대화 시켰고, 기아자동차를 현실 속에서 꿈을 이뤄주는 자동차로 만들어줬다.

2 미국의 밤 시간대에 하니 한국시간으로는 당연히 오전이다. 불행하게도 월요일 오전일 경우가 있다. 이럴 때 주한미군의 경우 최소 운영 병력만 현장을 지키고 각자 최적의 장소에서 이 경기를 본다. 물론 공식적인 건 아니다. 하지만 영국군은 Tea Time이후에 전쟁을 하지만 미국군은 슈퍼볼이 끝나야 전쟁을 할지도 모른다.

3 미식축구는 15분식, 4쿼터 60분 동안 진행된다. 그러나 경기 규칙상, 성격상 게임이 정말 자주 끊긴다. 게다가 작전 타임에, 전반과 후반 사이의 15분 동안의 휴식까지 합하면 게임 시간은 두 시간이 훌쩍 넘고, 심지어 세 시간까지 간다. 그 사이에 광고는 또 얼마나 많이 나갈 수 있겠냐, 그래서 스포츠 마케팅 전문가들 중에선 미국에서 축구가 성공 못한 이유로 광고 시간을 만들기 어려운 경기 구조 때문이라고 하는 사람도 있다. 축구는 공이 선 밖으로 나가도 바로 진행 되고, 선수가 부상을 당해도 경기가 계속 된다. 경기 중에 감독은 물론 이고 선수도 작전 타임을 부를 수 없다.
쉬는 시간은 오직 하프타임뿐이다. 반면 농구(NBA)는 4쿼터로 나뉘고 선수, 감독 모두 작전 타임을 부를 수 있고, 아이스하키(NHL)도 3피리어드로 나뉘고 작전타임을 부를 수 있다.

한 편의 마케팅 매직쇼 | 175

차별화된 광고를 만드는 네 가지 힘

지금까지 TV광고 위주로 차별화된 광고의 사례를 살펴봤다. TV 광고 외에도 다양한 채널의 광고들 중에서도 혁신적이고 참신한 아이디어로 해당 기업과 상품을 돋보이게 하고 성공한 사례들이 있다. 이런 성공한 광고의 사례들을 보면 몇 가지의 공통점이 있다. 물론 가장 큰 공통점은 일단 타사 경쟁사의 광고와는 전혀 다르다는 것이다. 카피가 다르건, 모델의 수준이 다르건, 아니면 광고 영상의 형태가 다르건, 고객들의 머릿속에 '그' 광고는 다르다는 인상을 확실하게 심어주고 있다.

이런 차별화를 만드는 몇 가지 요소가 있다.

첫째, 광고에 위트와 재미(Fun)가 있어야 한다. 모든 사람들은 재미있고 위트 있는 것을 좋아하고 호감을 갖는다. 복잡하고 부정적인 뉴스가 넘치는 세상에서 사람들은 잠시라도 웃을 수 있기를 원한다. 개그콘서트와 같은 개그 프로그램을 좋아하고 광고 모델 섭외 1순위들도 개그콘서트에서 인기 있는 개그맨들인 것도 같은 맥락이다.

둘째, 확실한 스토리와 감동의 요소가 있어야 한다. 어떻게 15초에서 30초 안에 스토리와 감동을 줄 것인가? 하지만 앞에서 언급한 성공사례들은 확실한 스토리와 감동은 아니더라도 확실한 이야기의 테마를 통해 뭘 이야기 하는지를 명확히 해서 성공한 사례들이다.

셋째로 타겟고객들이 "내 얘기야"라고 고개를 끄덕일 수 있는 공감이다. 톱스타의 이미지를 이용해 브랜드 이미지를 올릴 자신이 없다면 오히려 평범한 사람들의 이야기, 누구에게나 있을 법한 소재를 통해 공감을 끌어내는 것이 광고의 호감도를 올리는 가장 좋은 방법이다. 어설프게 인지도 있는 광고 모델을 기용했다가 비슷비슷한 광고들 속에 묻혀 버리는 것보다 낫다. 앞에서 이야기한 박카스와 같이 평범한 사람들의 스토리로 공감을 끌어내는 광고가 사람들의 머리와 가슴에 남는다.

마지막으로 중독성이다. 중독성 있는 CF송이나, 확실한 캐릭터를 가진 모델의 특이한 단어나 문장 등은 인지 효과가 있다. 물론 그 인지가 호감도로 이어진다는 보장은 없다. 그러나 일단은 인지도를 높이는 데는 좋은 방법이다. "묻지도 않고 따지지도 않고….'로 반복이 되는 한 보험회사의 광고는 아마도 대부분의 사람들에 머릿속에 남아 있을 것이다.

마케터, 결국엔 사람의 마음을 움직여야 생존한다

광고란 사람의 마음을 훔치는 것이다. TV의 경우 15초의 짧은 시간에, 다른 매체는 시선이 한 번 가는 찰나의 시간에 고객의 눈길과 마음, 지갑을 훔쳐야 하는 것이다. 광고는 가장 혁신적인 창의성이 요구되는, 마케팅의 처음이자 마지막인 차별화 전략이 가장 꽃피는 영역이다.

훌륭한 마케터라면 자신의 업무가 광고관련이 아니더라도 상품 개발, 프로모션 기획, 신 사업모델을 검토, 제휴 및 문화 마케팅을 진행하든 자신이 하고 있는 모든 일이 궁극적으로 고객에게 첫 선을 보이는 광고를 통해 어떻게 표현될지 염두에 둬야 한다.

한마디로 자신의 일 안에 고객들에게 재미와 감동을 줄 수 있는 차별화된 내용을 담고 있는지, 복잡한 내용을 간결한 광고 메시지로 전달할 수 있을지 늘 고민해야 한다. 왜냐하면 감동 없는 마케팅이 감동 있는 광고를 만들수는 없기 때문이다. 광고를 자신의 모든 마케팅 작업 결과를 비추는 거울이라고 생각하고 광고를 제작한다는 마음으로 모든 마케팅 작업 안에 감동과 차별성을 넣기 위해 노력해야 한다.

마케터가 알아야 할 제휴마케팅 이야기

고객을 위한
종합선물세트

'모방'만 있고 '창조'는 없는 카피 제품이 봇물을 이루는 현 상황에서 자사만의 브랜드 파워로 고객이 "와우!"라고 외칠 만한 감동 콘텐츠를 내놓기는 쉽지 않다. 그러나 브랜드 역량이 뛰어난 두 기업이 제휴 마케팅을 실시하면 상호 간에 충성도 높은 고객을 공유해 마케팅 효율을 극대화하고, 창의적인 상품개발을 위한 아이디어도 서로 나눌 수 있다.

한번쯤 해 봤을법한 생활 속 질문
Q. 왜 많은 유명가수들은 알려지지도 않은 신인가수와 같이 노래를 부를까?
Q. 프라다는 왜 프라다 제네시스 자동차와 프라다폰을 만들었나?

함께 한계를 넘는다

공동마케팅(Co-marketing), 합동마케팅(Joint marketing), 마케팅협업(Marketing Collaboration) 등 다양한 이름으로 불리는 마케팅 방법들은 궁극적으로 기업 간 전략적 제휴를 통해 상호 시너지를 창조하는 제휴마케팅(Marketing alliance)이다.

제휴마케팅은 최근 기업의 마케팅 활동 중 가장 활발한 분야다. 이는 커져만 가는 소비자의 욕구와 기대에 부응하고 한 기업이나 제품이 지니고 있는 한계를 극복하기 위해 다른 기업이 지니고 있는 마케팅 자원을 공유할 필요성이 높아지고 있기 때문이다. 이런 활동의 결과로 적극적인 경우엔 공동브랜드(Co-brand)를 내놓기도 하지만 소극적인 경우엔 공동프로모션(Co-promotion)이나 공동광고(Co-op advertising)에 머물기도 한다.

상품개발에 있어선 브랜드나 디자인을 가지고 있는 기업과 기술과 상품을 가진 기업이 같이 공동으로 신제품을 개발하기도 하는데 이것을 콜라보레이션 에디션(Collaboration Edition)이라 부른다. 이것은 유명한 아티스트나 패션디자이너의 작품 및 디자인 모티브, 영감을 일반 제품 디자인에 접목시켜 창의적인 제품을 만드는 것이다.

프랑스의 명품브랜드인 프라다의 디자인을 접목한 LG전자의 프라다 폰과 역시 프라다의 디자인을 활용한 현대자동차 한정판 제네시스는 매니아층의 호응을 받았다. 이외에도 스와롭스키와 삼성전자 지펠 냉장고 디자인 협업, 앙드레김의 White 웨딩드레스 모티브를 적용한 한국도자기의 고급스러운 화이트 식기세트 등 새로운 상품개발에 유명한 아티스트의 이름과 작품을 활용한 사례는 많다.

이런 Collaboration 모델의 기본 전제는 브랜드 수준과 Position이 걸맞는 기업 간의 시너지를 위한 제휴라는 것이다. 또 각각의 브랜드의 장점이나 이미지, 아이덴티티와 기반 고객층이 다른 기업이어야 한다. 서로의 이미지가 겹치거나 아이덴티티가 같다면 시너지 효과가 발생하기 어렵다. 그래서 아무리 많은 돈과 대가를 지불하더라도 프라다 정도의 명품 브랜드라면 LG전자나 현대자동차 수준의 기업이 아니라면 제휴는 추진하지

않는 것이다. 이런 협업에는 앞에서 언급한 상품 개발 외에도 서로 광고를 제휴한다든지, 판매채널을 공유한다든지 이벤트나 행사를 같이 한다든지의 방법들이 있다.

게임 속에서 햄버거를 먹다

미국 햄버거 체인 버거킹과 마이크로소프트(Microsoft)의 엑스박스(Xbox)와의 제휴 마케팅은 매우 성공적인 제휴 마케팅 사례다. 버거킹(Burger King)은 2006년 11월, 추수감사절 쇼핑 시즌을 앞두고 획기적인 신제품을 시장에 내놓았다. 그런데 버거킹 매장에서 만날 수 있는 제품인데 먹는 게 아니었다. 마이크로소프트의 엑스박스와 제휴해 내놓은 비디오게임이었다. 비디오게임을 좋아하는 사람들의 식사는 어떠한가? 대한민국 남자에게 당구장과 짜장면이 자연스러운 짝이듯, 피자나 햄버거 같은 패스트푸드는 비디오 게임의 짝이다. 그러기에 버거킹에게 게임을 즐기는 사람들은 중요한 타겟이다. 그런데 밥 먹을 시간도 아까운 이들이 텔레비전 광고를 볼 리가 없다.

 이런 그들과 새로운 유대감을 형성하기 위해 스스로 비디오게임을 개발해 출시한 것이다. 먼저 버거킹의 각종 프로모션이나 광고에서 이미 낯익은 캐릭터인 킹(King)을 주인공으로 먼저 게임 출시 고지 광고가 만들어졌다. "킹도 게임을 즐기고 싶다."는 카피와 함께 엑스박스의 공식 게임으로 버거킹에서만 살 수 있다는 내용과 출시일인 11월 19일이 소개됐다. 세트메뉴에 3.99달러를 더 내면 살 수 있는 게임들은 그야말로 햄버거 한 개 값이며, 담아주는 봉투 역시 햄버거 스타일이었다. 5주 만에 240만 개, 총 320만 개 이상 팔렸는데 이는 역대 엑스박스 게임판매량 순위 3위에 해당한다. 판매 기록과 함께 각종 매스컴에 노출된 효과를 따지면 약발 세기로 소문난 슈퍼볼(Super Bowl)에 13번 광고한 것과 같은 성과라고 한다. 단순히 프로모션의 혁신이 아니라 제품의 영역에서 이룬 전략 혁신이라는 점에서 버거킹의 킹 게임은 혁신적인 아이디어라 할만하다. 그 점을 높이 인정받아 2007년 칸느(Cannes)광고제는 티타늄 그랑프리를 버거킹에게 안겼다.

나이키, 고독한 러너의 친구를 만들어주다

제휴를 통해 혁신적인 제품을 출시한 다른 사례는 나이키플러스(Nike+)다. 나이키 러닝슈즈가 아이팟(iPod)과 상호작용하는 것인데 운동화에 센서를 장착, 러닝 데이타가 무선으로 아이팟에 전송되는 것이다. 이렇게 수집된 데이타는 아이팟을 컴퓨터에 연결시켜 관리할 수 있다. 자신의 목표 거리, 그날그날 뛴 거리, 평균 속도 등을 측정할 수 있는 것이다.

여기에 그치지 않고 세계 누구와도 커뮤니케이션 할 수 있다. 나이키플러스 글로벌사이트(www.nikeplus.com)를 통해 러닝 커뮤니티에 참여하거나 스스로 커뮤니티를 만들 수도 있다. 거리와 기록을 가지고 서로 비교하며 경쟁할 수도 있다.

나이키플러스 웹사이트는 글로벌브랜드로서 나이키의 가치를 느끼게 해주는 나이키플러스만의 핵심 아이디어다. 소비자들이 나이키플러스를 산다는 것은 단순히 아이팟과 통하는 러닝화만 산 것이 아니다. 웹사이트를 통해 세계의 고독했던 러너들과 지속적으로 커뮤니케이션이 가능한 디지털 플랫폼을 구매한 것이다. 나이키플러스의 성과는 혁신적인 기술이나 크리에이티브한 아이디어 창조에 그치는 것이 아니라 러닝스포츠의 새로운 가치를 만들어냈다. 그전까지 러닝은 운동선수들의 외로운 훈련이거나 피트니스클럽에서 혼자 혹은 두세 명 단위로 했던 다람쥐 쳇바퀴의 지루한 기억일 뿐이었다. 그러나 이제 나이키플러스가 있다면 혼자 뛰어도 혼자가 아니다. 러닝은 승부를 겨루는 재미가 추가 됐고 사회적인 활동이 됐다. 디지털기술이 가미되어서 지극히 아날로그적인 '함께'라는 재미가 창조된 것이다. 젊은 세대의 인기 브랜드인 나이키와 아이팟이 만나 완전히 혁신적인 새로운 문화를 만들어낸 것이다.

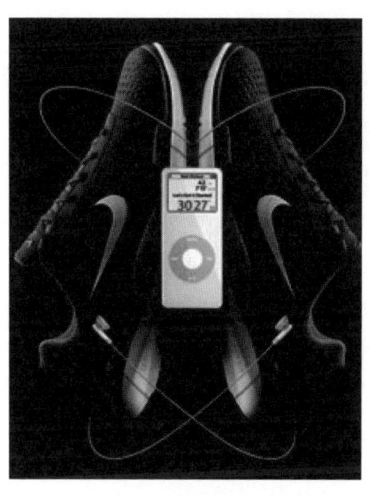

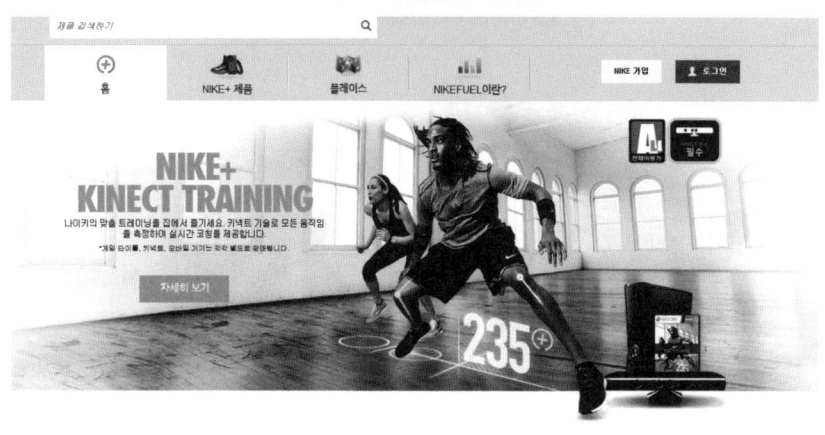

뭉치는 데는 다 이유가 있다

앞에서 소개한 디자인 브랜드와의 Collaboration이든, 전혀 영역이 다른 유명브랜드끼리의 제휴마케팅 사례이든 이미 확실한 브랜드 역량과 매니아 고객층을 확보하고 있는 기업들이 서로 발맞추기 까다로운 제휴마케팅을 추진하는 이유는 뭘까?

첫번째 이슈는 마케팅 차별화다. 이제는 웬만한 브랜드나 제품이든, 광고나 프로모션이든 창의성과 혁신이 더해진, 다른 경쟁사들과는 전혀 다른 새로운 이슈를 만들기 어렵다. 서로 끊임없이 모방하고 카피가 가능한 환경에서 자체적인 브랜드 파워와 인프라만으론 눈이 높을대로 높아진, 까다로워진 고객이 고개를 끄덕이며 감탄할 만한 콘텐츠를 만들기는 어려운 현실이 되어버렸다. 이렇듯 혼자만의 힘으로는 차별화가 어려우니 같이하고 뭉치는 것이다.

두 번째 이슈는 산업 융합(Industry Convergence)이다. 최근 산업 트렌드는 산업 간의 벽을 허물고 융합을 추구하는 것이다. 이전에는 전통적으로 A기업은 IT 기업, B는 소비재기업, C는 유통기업, D는 금융 서비스기업 하는 식으로 고유한 산업의 영역이 있었지만, 이제는 그 벽이 무너지고 있는 것이다. 또 경쟁이 치열해지다 보니 더 이상 이전의 영역만으로는 성장의 전환점을 찾기 어려워진 것도 있다. 또 기존 영역에서 구축한 브랜드 인지도나 고객 데이타베이스, 판매 채널 등의 인프라를 활용해 새로운 상품출시나 산업으로 진출이 용이해진 이유도 있다. 새로운 산업이나 영역으로 진출하려면 그 산업에 맞는 새로운 브랜드 이미지나 고객층의 지지가 필요한데 처음부터 새롭게 그런 브랜딩을 시작하는 것은 어렵다. 그러므로 가장 손쉬운 방법은 그런 산업에서 필요한 이미지나 고객기반을 가진 다른 기업과의 제휴를 통해 원하는 브랜드 이미지를 비교적 쉽게 만들 수 있는 것이다.

세 번째 이슈는 마케팅 비용과 효율이다. 경쟁이 치열해짐에 따라 기업이 치러야 할 마케팅 비용은 기하급수적으로 늘어만 간다. 이전보다 더 많은 신제품을 선보여야 하며, 제품 출시의 주기도 짧아야 변덕 많은 고객을 계속 붙잡을 수 있다. 전통적인 TV나 잡지 등의 채널이 아닌 이제는 수많은 새로운 광고 채널에 돈을 쏟아 부어야 경쟁사보다 조금이라도 더 고객 시선을 붙잡을 수 있다. 그렇다고 새로운 온라인이나 모바일, BTL 채널 등에 투자를 했다고 전통적인 미디어를 등한시 할 수도 없다.

광고나 마케팅에 내세울 유명 스타의 몸값은 천문학적인 액수고, 그마저도 기업이 추구하는 브랜드 이미지에 맞는 모델 찾기도 매우 어렵다. 이런 상황에 유명 브랜드기업간의 제휴는 그 자체만으로도 화제가 되고 시선을 끈다. 서로간의 제휴를 통해 마케팅 비용을 줄일 수가 있는 것이다. 또한 각자의 브랜드가 강한 고객 채널을 활용해 마케팅 효율을 극대화하고 새롭고 창의적인 상품개발의 아이디어를 손쉽게 끌어낼 수 있다.

잘못된 만남은 뼈아픈 후회를 남기기도 한다

그러나 좋은 취지하에 의기투합한 제휴가 모두 성공하는 것은 아니다. 제휴마케팅 계약을 체결하기 전에 예상 결과를 계량화해 그 결과를 면밀하게 예측하는 자세가 필요하다. 비교적 평가하기 쉬운 단기성 공동 프로모션의 경우도 사전 준비를 철저히 하지 않으면 행사가 끝난 후 어느 한쪽의 엄청난 손해나 손실로 이어질 수 있다.

1984년 TWA항공사와 폴라로이드는 공동프로모션 행사를 실시했다. 프로모션 기간 중 폴라로이드 카메라나 필름 5통을 구매한 사람에게 비수기 TWA항공권을 25%저렴하게 구입할 수 있는 쿠폰을 제공하기로 한 것이다. TWA는 비수기 수요를 증진시키고 폴라로이드는 성수기인 크리스마스 기간 중 카메라와 필름 판매를 촉진한다는 목표를 가지고 있었다. 공동 프로모션 결과는 대히트였다. 여행을 계획했던 수많은 고객들은 물론 여행사와 기업의 구매 부서까지 엄청난 양의 폴라로이드 카메라와 필름을 구매하기 시작했다. TWA 할인 쿠폰을 받기 위해서 말이다. 심지어는 TWA 쿠폰 거래시장이 형성될 정도였다. 하지만 이 때문에 TWA는 오히려 막대한 손해를 봤다. 행사결과를 미리 예상해 보다 치밀하게 행사를 기획 했다면 막을 수 있었던 손해였다. 예를 들어 쿠폰의 양도나 거래가 불가능하도록 했으면 간단히 해결될 문제였던 것이다.

뜻밖의 만남이 대박이 될 수 있다

제휴마케팅은 효과적으로 마케팅의 효율을 극대화 할 수 있는 좋은 방법이다. 하지만 너무 무분별하게 진행할 경우 그 부작용 또한 만만치 않다. 반드시 타켓 고객과 추구하는 브랜드 포지션이 시너지가 날 수 있는 기업과 전략적으로 진행해야 한다.

마케터라면 회사 내에서만 시간을 보내고 매일 보는 사람들하고만 어울릴 것이 아니라 동종 업계건 다른 업계건, 마케터의 명함이 있건 없건, 다양한 사람들과 온오프라인 가릴 것 없이 만나고 커뮤니티를 형성하고 많은 이야기를 나누며 어울릴 필요가 있다. 가벼운 술자리에서 재미삼아 해 본 이야기가 엄청난 제휴마케팅의 성공으로 발전할 수도 있기 때문이다.

마케터가 알아야 할 문화마케팅 이야기

문화+경영은
남다른 브랜드 품격이다

마케터들은 문화 마케팅을 가난한 예술단체를 위한 기부나 자선이 아니라 투자 개념으로 이해해야 한다. VIP등 특정 계층을 대상으로 한 문화마케팅은 단순한 예술지원 사업 차원에서 벗어나 경쟁사와의 마케팅 전쟁에 종지부를 찍을 수 있는 결정적 전략으로 각광받고 있다.

한번쯤 해 봤을법한 생활 속 질문

Q. 현대카드는 왜 그렇게 유명한 가수 콘서트에 돈을 펑펑 쓸까?

Q. 신세계 백화점 센텀시티점에는 스파, 공연장, 심지어 아이스링크 까지 있는데 매장 공간이 줄어들면 손해 보는 거 아닐까?

Q. 한남동의 삼성전자 블루스퀘어는 과연 정체가 뭘까?

다르다는 것! 결국은 브랜딩

마케팅의 핵심은 차별화라고 강조했다. 차별화는 서로 비슷한 상품과 서비스, 광고 및 프로모션 등으로 평범해지는 현실에서 어떻게든 경쟁사와는 달라서 고객의 시선과 관심을 끌 수 있는 그 무엇을 만드는 것을 말한다.

완벽한 마케팅 플랜과 4P분석, 디자인 혁신과 프로모션 안을 수립한다 하더라도 경쟁사의 것과 비슷하고 별다른 차별점이 없다면 그 마케터는 실패한 것이다. 항상 마케터들이 마음속에 조바심을 가지고 스트레스를 받는 일이 있다. 그건 바로 지금 기획하고 개발하고 있는 상품이나 마케팅 안이 새어 나가 경쟁사가 한발 앞서 먼저 치고나오는 것이다. 아무리 훌륭한 것이라도 하루라도 경쟁사가 먼저 시장에 내보낸다면 고객의 마음은 경쟁사가 먼저 선점하기 때문이다.

하지만 지금의 경쟁 환경은 경쟁사가 전혀 따라오지 못할, 생각지도 못할 새로운 상품을 만들거나, 독특한 매장 디자인을 하거나, 프로모션을 수행하는 것은 불가능하다. 상품도 복잡해지고 영업 규모도 커지면서 제휴 관계나 협력사가 많아지다 보니 얼마든지 영업비밀이나 계획이 흘러 나갈 수 있다. 인터넷이나 SNS를 통해 수많은 정보나 아이디어가 떠돌아다니고 있다. 설령 한두 주 혹은 한두 달 경쟁사보다 선점할 수 있다 하더라도, 고객들이 그 사실을 알기도 전에 바로 카피, 모방된 제품이 나온다. 오히려 더 큰 마케팅 이벤트로 세게 치고 먼저 나와서 누릴 수 있는 선점 효과를 뺏을 수도 있다. 이런 현상은 유통업에선 매우 흔한 일이고, 그래서 지금도 경쟁사에서 어떤 상품을 기획하고 프로모션을 짜는지 촉각을 곤두세우고 있다.

궁극적으로 마케터가 추구해야 하는 마케팅 전략은 기업 브랜드 전략이다. 상품 하나하나, 서비스 하나하나의 차별화를 추구하는 것도 중요하지만 궁극적으로 이 모든 것을 담고 있는 기업 자체를 브랜딩하여 경쟁사와 차별화 한다면, 그 안에 담고 있는 모든 것들이 달리보이고 좋게 보이고 가치가 있어 보이기 때문이다. 마케터는 그래서 쉴 틈이 없다.

기업 브랜딩 열쇠는 문화다

　기업 브랜딩을 손쉽게 하는 방법은 TV 광고를 비롯한 각종 매스 미디어를 통한 광고다. 하지만 15초에 승부를 보는 TV광고나 지면의 일부만 차지할 뿐인 신문광고는 잠시 눈길을 끌 수는 있지만 기업의 진정성 있는 이야기를 엮어내기엔 역부족이다. 게다가 요즘의 광고를 보면 다들 서로를 흉내내서 비슷한 이미지와 아이덴티티로 전달되고 있다. 이런 현실에서 진정 궁극적으로 좋은 기업의 이미지를 만들고 차별화를 만들 브랜딩 방법으로 문화마케팅이 점차 주목 받고 있다.

　과거에는 문화마케팅이라는 용어 보다는 문화 지원 사업, 문화후원 정도의 차원에서, 그저 자금여력이 있는 기업이 가난한 문화단체를 도와주거나 공연이나 연주회 등의 좌석을 사주는 대신 포스터나 공연장 배너 등에 기업 로고를 집어넣는 게 고작이었다. 기업이 직접적으로 문화공연을 기획하고 집행하는 경우는 없었다. 하지만 지금은 그 패러다임이 변하고 있다. 기업 브랜드 마케팅의 가장 Hot한 아이템으로 예술과 문화가 자리잡아서 직접적이고 적극적인 투자와 기획을 통해 문화의 아이콘으로 기업을 브랜딩 하고 있다. 그 대표적인 아이콘이 현대카드다.

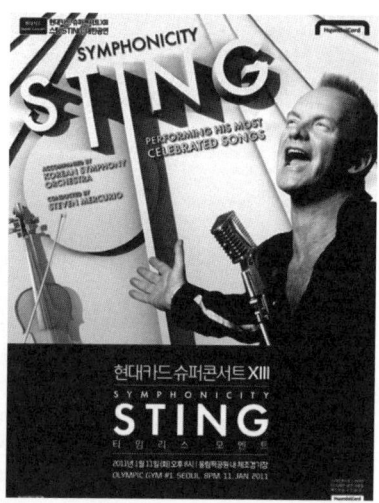

현대카드, 꿈의 라인업을 부르다

현대카드는 2000년대 초반 그 당시 다이너스 카드를 인수하면서 카드 사업에 뛰어들었다. 그 당시엔 BC 계열의 은행계 카드사들이 카드시장을 선점하고 있었고, 삼성 및 LG 등 카드 전문 기업계의 선발주자들이 막강한 마케팅 파워를 기반으로 시장 점유율을 확대하고 있는 상황이었다. 당시 현대카드의 점유율은 체 1%도 안됐다. 그나마 현대자동차의 유통망과 그 충성고객, 그리고 현대 캐피탈의 자동차 할부 사업 기반이 있었기에 카드사로써의 면모를 유지를 할 수는 있었다. 후발주자로써 어떻게 막강한 삼성과 LG카드가 지배하는 시장에 침투할 수 있을까? 현대카드의 고민이었다.

이런 상황에서 후발주자의 전략적 선택은 보편적으로 Me Too 전략이다. 선발주자를 벤치마킹하고 선발주자의 상품이나 서비스에 뭔가를 살짝 얹어 출시하고 마케팅을 진행해 고객을 확보한다. Me Too 전략은 당연히 상품의 마진이나 이익 일부를 포기한다. 이미 시장에 나와 있는 제품을 비싸게 살 이유가 없기 때문이고 게다가 선발주자의 고객도 뺏어 와야 하기 때문이다. 그렇기 때문에 선발주자의 마케팅 정책에 따라 고객확보의 성과가 달라지게 마련이다. 게다가 신용카드와 같이 상품의 특성이 단순하고 일반적인 경우는 더더욱 그렇다.

이에 현대카드는 여러 차례의 전략컨설팅을 통해 궁극적인 전략을 Me Too가 아닌 절대적인 차별화로 설정했다. 그 절대적인 차별화의 핵심은 바로 디자인과 문화이다. 디자인은 카드자체와 고객과 연결된 모든 채널, 그리고 기업 전반에 혁신적인 디자인을 접목함으로써 현대카드의 모든 것을 다른 카드 기업, 심지어 모든 국내 기업과도 차별화했다. 하지만 가장 차별화되고 타 카드사와는 구별되는 실체는 획기적인 문화마케팅이다. 슈퍼시리즈로 통칭되는 현대카드의 문화마케팅 시리즈는 일반 카드 고객들에게 생소하게 다가왔다. 그러나 7년 동안 지속된 지금은 현대카드 고객뿐 아니라 웬만한 성인남녀들에게 현대카드는 다른 카드 회사와는 확실하게 다르다는 명확한 인식을 안겨줬다. 현대카드의 아이콘이 된 것이다. 현대카드 슈퍼시리즈는 단순한 공연 후원이 아니다. 다른 공연 기획사들이 생각지도 못했고, 내한 공연이 가능할까 생각했던 유명아티스트들의 공연을 직접 기획해서 다른 공연과는 차원이 다른 주목을 받았다. 베를린 필하모닉 오케스트라, 스팅, 스티비 원더, 비욘세, 휘트니 휴스턴, 레이디 가가 등 누구나 한 번은 보고 싶은 지금까지 총 18팀의 공연을 기획, 연출하고 공연장의 분위기와 이미지를 디자인했다. 현대카드 슈퍼콘서트에서는 매우 다양한 고객층에 맞는 다양한 공연을 시도한다. 어셔와 크레이그 데이빗 같은 20대 여성의 마음을 녹이는 젊은 R&B 가수가 있었지만 빌리 조엘, 스티비 원더 같은 전설 중에 전설도 있다. 그야말로 살아생전 또 볼 수 있을까 하는 가수들의 공연을 현대 카드가 기획한 것이다.

이를 통해 이렇게 치밀하게 설계된 공연은 차원이 다른 감동을 선사했고, 한 번이라도 슈퍼시리즈의 콘서트를 경험해본 사람에게 다른 공연은 시시하게 느껴지게 했다. 유명아티스트의 공연뿐 아니라 슈퍼 매치로 불리는 스포츠 빅게임이나 슈퍼 토크로 불리는 석학들의 토론 등도 슈퍼시리즈로 브랜딩되어 '문화'는 현대카드만의 브랜드 아이덴티티가 됐다. 그래서 현대카드는 현재 시장 점유율 10% 이상으로, 10년 만에 열배 이상의 성과를 달성했다. 뿐만 아니라 현대카드의 고객층은 타 카드사보다도 훨씬 충성도도 높고 개별 고객 당 수익성도 우위인 것으로 알려지고 있다. 문화마케팅을 통해 절대적인 차별화의 구현이라는 현대카드 마케팅의 전략이 성공으로 이어진 것이다.

나, 신세계 백화점 가는 여자야!

백화점 업계에선 신세계 백화점이 비슷한 사례다. 롯데, 현대 백화점에 이어 3위인 신세계 백화점은 2000년대 중반 심각한 고민을 갖고 있었다.
백화점 업계도 신용카드사와 마찬가지로 경쟁사와 차별화할 요소가 참 적은 업계이다. 어차피 시장에 있는 비슷한 브랜드 의류나 잡화 등을 유치해 매장을 만들고 비슷한 마케팅 프로모션을 통해 집객을 한다. 또 항상 같은 시기에 세일을 하고 비슷한 고객군을 타겟으로 하는 업이기에 신세계가 막강한 시장 점유율을 자랑하는 롯데, 현대와 견주어 내세울 이슈가 없었던 것이다. 급기야 신세계는 2007년 서울 명동에 있는 본점을 신축 오픈하면서 큰 고민에 빠졌다. 바로 길 대각선에 있는 강력한 소공동 롯데백화점과 견주어 정말로 내세울 게 없었던 것이다. 위치도 그렇고, 규모, 유치할 수 있는 유명브랜드에 있어서도 한계점이 있었다.
이런 문제의 답으로 신세계 백화점도 현대카드와 비슷하게 선발주자에 대한 Me Too 전략으로 가지 않고 절대적인 차별화를 추구하기로 했다. 바로 문화 마케팅이다. 매장을 고급화하는 것 밖에 차별화 할것이 없던 그 당시 상황에 백화점에서 쇼핑하는 고객들의 마음을 붙잡을 수 있는 것은 으리으리한 샹들리에와 대리석이 깔린 매장 인테리어가 아니라 문화적인 욕구를 채우면서도 쇼핑을 즐길 수 있는 새로운 공간을 창조하는 것이라는 결론을 내렸다. 신세계 백화점은 과감하게 10층의 넓은 공간의 매장을 포기하고 300석 규모의 문화홀을 만듦으로써 롯데나 현대가 물리적으로 따라올 수 없는 절대적인 차별화 요소를 만들었다. 신세계 백화점의 문화홀에서는 매일 매일 유명 뮤지션의 연주회, 오페라나 뮤지컬의 갈라 콘서트, 유명 작가의 전시회 뿐 아니라 심지어 뉴욕 소더비 경매의 경매이벤트 등이 이어지며 백화점이란 공간이 단순히 돈을 쓰고 소비를 하는 공간만이 아닌 문화와 예술의 욕구를 채워주는 곳이라는, 그야말로 의식의 차원이 다른 차별화를 이뤘다. 신세계 백화점은 그 이후 경기점, 부산 센텀점, 인천점 등 주요 점포마다 과감히 문화홀에 투자했고, 그 결과 백화점 업계에서 최고의 문화 아이콘으로 확실하게 자리 잡았다. 롯데나 현대백화점 등도 다양한 문화공연 초대나 후원을 하고 있으나, 고객들의 마음속에 선점된 신세계의 이미지를 따라가지는 못하는 것이 사실이다.

여자의 섬세함으로 단편 영화를 말하다

아모레 퍼시픽이 주관하는 미장센 단편영화제도 차별적인 문화마케팅의 성공사례다. 올해로 11회째를 맞고 있는 미장센 단편영화제는 현재 국내 최고 권위의 단편영화 축제다. 기성 장편 영화인들을 위한 영화제나 축제 등은 많은데 비해 이제 막 영화에 발을 들여놓은 새내기 영화인들이나 학생, 혹은 저예산 독립영화를 추구하는 영화인들이 자신들의 꿈을 펼쳐 보일 기회는 드물었다. 이런 현실 속에서 아모레 퍼시픽 뷰티용품의 브랜드인 미장센(Mise en Scene)이란 의미도 프랑스어로 영화나 연극의 미학적인 무대 용어인 만큼 미장센이라는 브랜드를 다른 경쟁사의 브랜드와 차별화하여 각인시키고 알리기에 영화제만큼 적당한 것은 없으리라 본 것이다.

그래서 그 당시 아무도 관심을 가지지 않았던 단편영화라는 소외된 영화 카테고리를 찾아내서 독보적인 영화제를 만든 것이다. 이후 10년이 넘도록 일관성 있게 지켜온 비주류 예술인을 지원한다는 심오한 가치는 미장센 브랜드뿐만 아니라 아모레 퍼시픽 기업 자체, 더 나아가 그 기업의 CEO까지도 존경받는 브랜드로 인식되게 했다.

11년 동안 단편영화제에서 배출된 감독들이 지금은 영화계를 이끌고 있는 차세대 리더로서 자리매김을 한 것을 보면 단순한 기업의 브랜드 마케팅 차원만이 아닌 대한민국 문화계에 진정 기여했다고 본다. 하지만 재미있는 것은 생각보다 이러한 영화제를 기획, 운영하고 끌어가는 데 많은 예산이 들지는 않는다는 것이다. 다른 기업들이 그때, 그때의 이슈를 쫓아 많은 예산을 들여 이벤트를 하고 후원을 하면서도 사람들에겐 시간이 지나면 잊혀지지만 많은 사람들에게 좋은 일이라고 공감이 될 수 있는 문화 이슈를 정해 꾸준히 진행하면 오히려 많은 사람들이 무료로 자원봉사를 자처하고 CGV나 관련 기업등도 적극 참여하게 된다. 행사의 크기나 규모보다 그 행사가 지향하는 가치와 정신이 아이러니하게도 오히려 비용을 절약하게 하는 것이다.

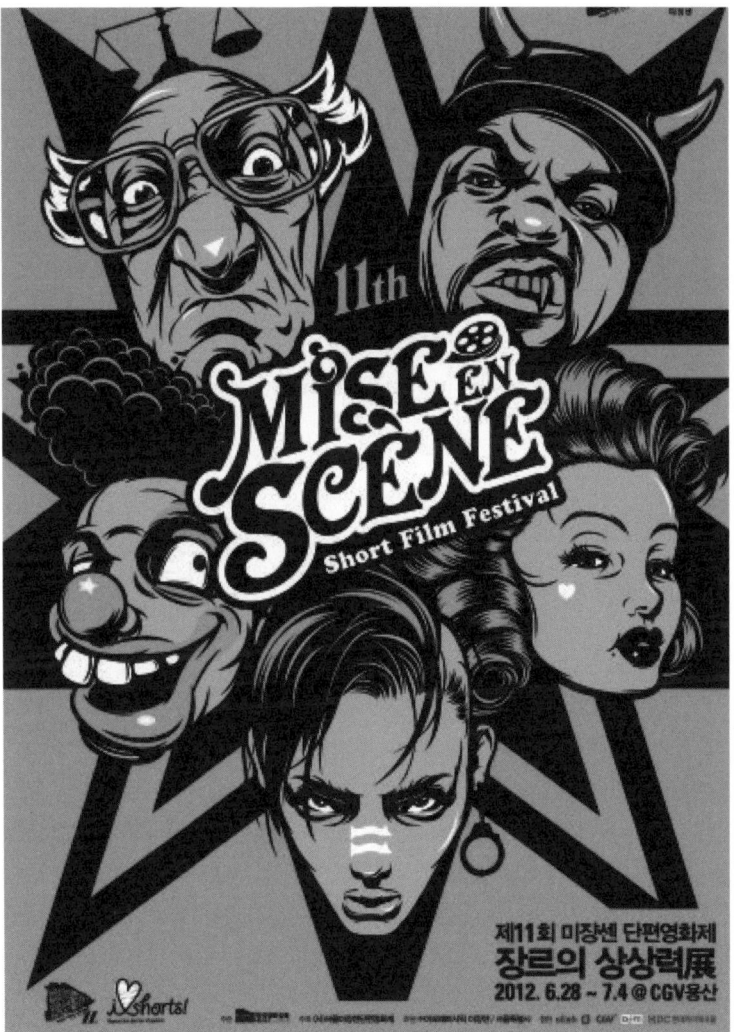

소문난 잔치, 먹을 것 없으면 욕만 먹는다

많은 기업들이 문화마케팅에 관심을 갖고 예산을 투입하고, 후원하고 공연이나 전시회를 하는 것은 좋은 일이다. 하지만 비용대비 효과를 고려해야 하는 마케터의 입장에서는 무분별한 문화단체 지원이나 공연후원은 피해야 할 독이다. 오히려 면밀한 검토 없이 참여한 공연이 예술적으로 좋은 평을 못 받거나 부정적으로 이슈화가 되었을 땐 돈 쓰고 욕만 먹을 수 있다. 때때로 기업들이 문화마케팅이란 이름으로 특정 공연의 좌석을 구매해 VIP 고객을 초대하는 일이 있다. 공연단체와 기업의 상호 이해관계가 맞는 경우엔 특정 기업을 위해 공연을 기획하기도 하는데 그 공연이 정말 예술적으로 가치가 있고 품격 있으며 완성도가 있는지에 대한 검증이 반드시 필요하다. VIP를 초대한 공연이 격이 떨어지거나 공연 분위기가 안 좋으면 오히려 초대한 VIP에 대한 결례이며 기업 이미지를 떨어뜨리는 역효과가 나기도 한다. 현대카드 슈퍼콘서트에서 가장 신경 쓰는 것은 이슈가 될 만한 아티스트의 선정과 기획이지만 공연장의 품격과 VIP에 대한 안내, 의전 등에도 많은 투자를 하는 것도 그런 이유에서다.

문화마케팅도 정도가 있다

문화마케팅은 경쟁사와의 끊임없는 마케팅 전쟁의 종지부를 찍을 절대적인 차별화를 위한 매우 중요한 전략이다. 하지만 지금도 많은 기업들은 그저 비슷비슷한 문화이벤트에 다를 게 없는 공연을 후원하는, 아무도 오래 기억 못 할 문화마케팅을 하고 있다. 절대적인 차별화를 위한 문화마케팅이 또다시 Me Too 전략에 따라 타사 사례들을 따라하면서 차별화가 없어지는 것이다.

물론 사회 공헌차원에서의 문화 기부나 후원차원이라면 전혀 고민할 것은 없겠지만 제대로 된 마케터라면 후원을 하면서도 마케팅 효과 극대화를 반드시 고민해야 한다.

문화마케팅에 있어서의 두 가지 핵심은 첫째, 경쟁사들이 하지 않은 전혀 새로운 문화의 핫 이슈를 개발하고 절대적으로 차별성 있는, 독창적인 Agenda를 만들어야 한다는 것이다.

둘째는 이러한 마케팅 Agenda를 지속적이고 일관성 있게 끌고 가야 한다는 것이다. 단기적으로 고객이 인지 못한다고, 집객이나 매출동원의 효과가 적다고 바로 다른 방안을 기웃거린다면 결코 차별화된 문화마케팅의 효과를 누릴 수 없다. 1년이고 2년이고, 더 나아가 10년을 내다보고 일관성을 유지할 때 고객들은 해당기업의 전통으로 문화마케팅을 인정하고, 그때서야 기업의 이미지는 업그레이드 될 것이다. 앞의 사례처럼 현대카드와 신세계백화점, 아모레 퍼시픽의 미장센의 경우야말로 마케팅 전략차원에서 많은 고민과 차별화에 대한 갈망을 통해 나온 사례라고 할 수 있다. 남들과 다르고 앞서가려는 마케터의 본능과 끊임없는 갈망만이 자신의 기업을 경쟁사가 Me Too로 따라올 수 없는 진정한 Top 브랜드로 만들 수 있다.

Leadership Course

기업의 리더로 크기 위해 마케터가 극복할 지상 과제 : 마케터는 전략가이자 혁신가이며 기업의 성과를 창출하고 관리하는 리더가 되어야 한다. 폭넓은 경영전반에 대한 시각과 특히 재무적인 실력은 마케터의 위상을 더욱 높여준다.

21 STORIES WHICH MARKETERS SHOULD KNOW

Fourth Step

Leadership Course

리더의 조건

전략 이야기
1등만 알아주는 세상

비즈니스 혁신 이야기
새로운 길을 가장 먼저, 두려움 없이 가는 사람

성과관리 이야기
전략도 만들고 성과도 만들고, '손익' + '전략' 달성으로 그 성과를 측정하라

경영관리 이야기
미래를 위해 불확실성을 통제하는 사람

ROI 이야기
마케팅, 돈을 썼으면 티가 나야 한다

마케터가 알아야 할 전략 이야기

1등만 알아주는 세상

훌륭한 마케터는 회사의 전략과 방향을 명확히 설정할 수 있어야 함은 물론, 설정된 방향을 조직원 모두에게 이해시킬 수 있어야 하며, 서로 상충되는 이해관계에 있는 부서들을 조율함으로써 합일된 방향으로 이끌 수 있는 전략가적 면모를 갖춰야 한다.

한번쯤 해 봤을법한 생활 속 질문
Q. 맥킨지 컨설팅은 일하는 방식부터 무엇이 다를까?
Q. 기업의 미래 전략은 어떻게 만들어지는 것일까?
Q. 잘나가다 흔들리고 망하는 회사는 왜 그런 것일까?

마케터는 실행가이기 전에 전략가다

   마케팅이라는 단어와 전략이라는 단어는 뗄래야 뗄 수 없는 불가분의 관계다. 왜냐하면 마케팅은 실행을 해야 하는 영역도 많지만 그에 못지않게 중요한 건 마케팅이 궁극적으로 기업 내에서 고객과 상품, 가격과 시장에 대한 전략과 방향을 정하기 때문이다. 이 외에도 마케팅은 기업 내의 각 부문이 전략대로 움직이는지 끊임없이 조율하고 독려하여, 궁극적으로 고객만족과 이익 실현이라는 목표 달성도 책임져야 한다. 기업 내에서 마케팅은 전략가라는 Position을 갖고 있는 몇 안 되는 부서이다. 다른 모든 부서가 마케팅 부서를 기업의 방향을 설정하고 조율하는 핵심부서로 받아들여주기를 바란다면 마케팅 부서의 모든 조직원은 스스로 전략가(Strategist)로 인식하고, 그에 걸맞게 사고하고 행동해야 한다. 마케팅 부서가 고객과 상품, 가격과 시장에 대한 좌표를 제대로 분석하고 설정하지 못하면 전략방향이 명확하게 수립될 수 없다. 또 전략 방향이 정해졌더라도 정한 방향대로 일관성 있게 움직이는지 제대로 조율하지 못하면 기업은 큰 혼란에 빠져 상품 개발비용, 영업 및 생산 분야에서 막대한 자원을 낭비하게 될 것이다.

R&D나 상품개발, 영업, 생산, 관리 등의 부서는 업무에 대한 집중도가 높을 뿐만 아니라 실행과도 직결되므로 하나의 전략 하에서 조화와 균형을 이뤄야 한다. 특히 제조업의 경우 영업과 상품개발, 생산 등의 핵심 부서들은 서로 추구하는 KPI(Key Performance Indicator)가 일부는 상충되는 부분도 있으므로 건전한 견제 기능도 있어야 하는데 마케팅 부서가 전략적으로 조율을 담당해야 한다. 이런 능력이 없으면 마케팅 부서로서 자격이 없다고 봐야 한다.

왜 맥킨지, 맥킨지 하는가?

과연 어떻게 하면 마케팅 조직과 그 부서의 인재들이 기업 내에서 전략가로써 인정받을 수 있을까? 이를 위해선 전략의 생리와 구조를 알아야 한다.

　기업 전략을 논할때 가장 먼저 머리에 떠오르는 조직과 인재는 맥킨지 컨설팅이다. 경영전략 컨설팅 회사의 최고봉이자 많은 다른 컨설팅회사들이 일하는 방식, 보고서 양식, 심지어 컨설턴트의 말하는 스타일과 용모까지도 벤치마킹하는 회사다. 한마디로 컨설팅의 바이블 같은 회사다.

　하지만 내가 경영컨설팅회사에 있을 때 맥킨지 컨설팅을 받았던 몇몇 기업의 고위 임원들을 만나보면 하는 말들이 비슷하다. "젊은 애들 몇 명이 들어와서는 내가 전부 말해준 내용들 가지고 표 몇 개 그린 다음, 임원들 모두 모아놓고 회의 몇 번하고 간단한 보고서 하나 써놓고는 돈 잔뜩 받고 나갔을 뿐인데, 이상하게도 회장님은 맥킨지를 싸고 돌더라구요" 도대체 맥킨지는 뭐가 다른 걸까? 전략을 잘 짜고 전략적으로 행동하는 사람들은 어떤 사람들일까? 어느 기업에서 누구도 생각하지 못한 기발한 사업 모델이나 아이디어를 생각해낸다는 것이 과연 가능할까? 이 물음은 컨설팅 회사에 근무할 동안 내 머릿속에 항상 있던 궁금증이자 과제였다.

　물론 기존의 사고방식을 뛰어 넘는 새로운 시도를 하는 기업들이 많다. 그러나 사실상 그런 사업 모델이나 아이디어는 이미 그 기업의 내부에서, 특히 실무자나 현업에서 오고 가던 내용들이 대부분이다. 그렇게 된 데에는 이유가 있다. 기업 내에 아이디어가 없고 신선한 사업 모델이 없어 보이는 현상은 정말 그런 것들이 없는 것이 아니라 그러한 것을 제시하고 제안하는 통로가 제한되었기 때문이다. 새롭게 도출된 아이디어가 지지와 공감을 얻어서 좋은 방향으로 더욱 보강되어 최고 의사결정자가 명확히 이해하고 결정을 할 수 있도록 해야 하는데 기업 내부의 고질적인 결재 절차가 이를 가로 막고 있는 것이다.

창의적이고 혁신적인 젊은 직원들에게서 10개의 좋은 전략 방향이나 아이디어가 제시되었다고 가정해 보자. 대부분의 경우, 첫 관문인 실무 팀장급 선에서 직속상사의 성향을 고려하여 5개는 누락되고 만다. 그리고 이 과정에서 부서간의 이해관계나 조율이 되지 않아 살아남은 두 세 개도 잘려진다. 그나마 심층 검토가 돼서 상층부까지 올라간 2~3개도 CFO부서에서 단기적 효율 관점에서 또 다시 정리되어 결국 1~2개 정도만 CEO의 책상에 올라가든가 결국 1개도 올라가지 못하고 걸러지게 된다. 그런데 올라간 것들조차 너무도 바쁜 CEO가 바로 이해하고 결정할 수 있는 명확하고 심플한 보고서로 정리된 것이 아니다보니 CEO가 이해를 못하고, 그래서 다시 내려보내 재검토시키거나 보고서를 다시 만들고 하다 보니 결국엔 시기를 놓쳐서 아무런 결과로 이어지지 못하는 경우가 대부분인 것이다.

기업에 전략이 없다는 것은 전략의 콘텐츠나 아이디어가 없는 것이 아니라 전략적 컨텐츠나 아이디어를 담을 프레임웍(Frame work)과 소통과 공감의 프로세스가 없다는 의미다.

맥킨지 스타일

전략가는 먼저 기업 내에 떠도는 많은 의견과 아이디어를 잘 도출하고 그 중 좋은 것을 가려낼 줄 알아야 한다. 그리고 그것을 최고 의사결정권자들-항상 시간에 쫓기면서 수많은 결정을 해야만 하는 사람들-이 직관적으로 이해할 수 있도록 간결하게 틀을 만들어 제시해 이해하고 공감할 수 있게 해야 한다. 더 나아가 CEO뿐만 아니라 기업 내 구성원 전부가 전략에 대해 쉽게 이해하고 공감할 수 있도록 해서 조직적인 차원에서 신속히 의사결정이 이뤄질 수 있도록 해야 한다. 이 말은 전략가는 새로운

 아이디어도 많은 사람이어야 하지만 모든 조직 구성원을 이해시키고 움직일 수 있는 다양한 스킬과 Tool, 그리고 역량을 가진 사람임을 의미 한다.
 앞에서 언급한 맥킨지 컨설팅에 대한 임원의 코멘트를 보면 그러한 내용을 알 수가 있다. "내가 전부 말해준 내용들을 가지고…" 이 말은 기업 내 이미 있던 여러 부서의 다양한 아이디어와 생각들을 도출시켜 분석한 후, "표 몇 개 그려서…" 각 아이디어들을 전략적 분석이 쉽게끔 다양한

매트릭스나 표, 도식 등을 활용해 형상화하고 실체화하는 것을 말한다. 대부분의 사람들은 말로는 쉽게 한 시간은 떠들 수 있지만 정작 자신의 말의 핵심과 결론을 명확하게 1~2장으로 도식화하는 것은 어려워한다. 아이디어를 한눈에 명확하게 보이게 하는 것, 이게 맥킨지의 첫 번째 능력이다.

"임원들 모두 모아놓고 회의 몇 번하고…" 이 말은 의사결정을 할 임원들-그 바쁜 사람들-을 다 끌어내어 각자의 의견을 개진케 하고 모두 이해와 공감을 하도록 하는 것을 말한다. 그러나 많은 기업들이 이런 공감대를 만드는 회의를 제대로 가져보지도 못하고 아이디어를 묻어버리는 경우가 의외로 많다. 임원들을 움직이고 그들의 입을 열게 하고 상호간 공감시키는 능력, 맥킨지의 두 번째 능력이다.

"간단한 보고서 하나 써놓고…" 모든 전략보고서의 내용은 심플해야 한다. 내용에 자신 없는 사람일수록 보고서는 길어진다. 자신의 논리가 약하므로 이것저것 참조할, 그러나 사실은 별 의미도 없는 데이타들을 잔뜩 늘어놓고, 보고 받는 사람이 보든 말든 일단 내가 할 말은 다 한다는 식의 보고서를 던져 놓는다. 보고서가 길어질수록 핵심은 흐려지고 묻힌다. 보고 받는 사람도 지루하고 뭘 봐야하는지 혼란스러워 외면한다. 자신의 전략에 정말 자신 있는 사람은 1~2장의 보고서에 모든 핵심 논리와 데이타를 명쾌하게 담아서 CEO를 짧은 시간에 이해시키고 그의 결단을 받아낸다. 핵심을 간결하고 강하게 어필하는 능력, 이게 맥킨지의 세 번째 능력이다.

마지막으로 "회장님은 맥킨지를 싸고 돌더라구요…" 기업의 CEO가 가장 좋아하는 사람은 명쾌하고 자신감이 넘치는 사람이다. 다른 모든 임원과는 다른 목소리를 낼 줄 아는 사람이다. 쉽게 말해 모두가 "Yes"할 때

당당히 "No!"라고 할 수 있는 능동적인 사람이다.

물론 컨설턴트에게 전략만 짜고 실행을 하지 못한다는 비난을 할 수도 있지만 그럼에도 불구하고 위의 여러 가지 Tool과 스킬, 역량을 가지고 다른 임원들에게는 한 번도 들어보지 못한 Agenda 이야기를 해서 CEO에게 확신을 줄 수 있기 때문에 당연히 CEO는 맥킨지에게 끌릴 수밖에 없는 것이다.

몇 가지 전략의 시각화 도구

맥킨지의 사례는 전략가로서 인정받을 수 있는 자질과 방법에 대해 생각해보게 한다. 뛰어난 전략가로서 생각하고 행동할 수 있는 Tool과 스킬에 대해 이야기 하자면 많은 내용들이 있지만 핵심내용은 두가지로 요약된다.

첫째, 전략가는 생각을 시각화 할 수 있어야 한다. 전략가라면 자신의 전략을 자신만의 도식과 매트릭스를 디자인해서 설명할 수 있어야 한다. 경영 전략, 특히 기업의 성장이나 사업전략을 언급할 때 항상 사용되는 몇 가지가 있는데, 그것은 SWOT 분석, BCG 매트릭스, Ansoff 매트릭스 등이다. 전략을 명확히 하고 모든 이해관계자들을 이해시킬 때 매트릭스는 매우 효과적이다.

Opportunity Point	Strong Point
Treat Point	Weak Point

▲그림 1. SWOT 분석

SWOT 분석은 현재나 미래의 사업 모델 경쟁력을 분석하는 아주 고전적인 방법이다. 워낙 유명한 내용이라 다 알겠지만 기업의 사업모델을 자사의 역량, 경쟁자의 역량, 시장 및 외부 환경 요소 등을 고려해 Strong Point, Weak Point, Opportunity Point, Treat Point로 나눠 간결하게 분석하는 기법이다.

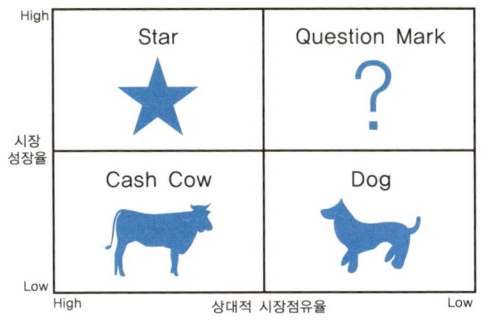

▲그림 2. BCG매트릭스

BCG(Boston Consulting Group)매트릭스[1]는 현재 기업이 하고 있는 사업을 시장 성장성과 자사의 점유율을 가지고 Star 사업, Cash Cow 사업,

[1] 'BCG 매트릭스'는 보스턴컨설팅그룹(Boston Consulting Group)에 의해 1970년대 초반 개발된 것으로, 기업의 경영전략 수립에 있어 하나의 기본적인 분석도구로 활용되는 사업포트폴리오(Business Portfolio)분석기법이다. 자금의 투입, 산출 측면에서 사업(전략사업 단위)이 현재 처해있는 상황을 파악하여 상황에 알맞는 처방을 내리기 위한 분석도구이다. '성장-점유율 매트릭스(growth- share matrix)'라고도 불리며, 산업을 점유율과 성장성으로 구분해 4가지로 분류했다. 특히 IMF 시절 국내기업의 구조조정을 위한 전략 컨설팅의 도구로써 많이 활용되었다.

```
                        기존              신규
                  ┌───────────────┬───────────────┐
                  │    Market     │    Market     │
            기존  │  Penetration  │   Extension   │
                  │               │               │
     Product      ├───────────────┼───────────────┤
                  │               │               │
            신규  │    Product    │   Business    │
                  │  Development  │Diversification│
                  └───────────────┴───────────────┘
```

▲그림 3. Ansoff 매트릭스

Dog 사업, 물음표 사업 등으로 분류하고 사업 포트폴리오를 평가해 미래 사업에 대한 구조 조정 방향을 설정하는 매트릭스이다.

Ansoff 매트릭스[2]는 미래 성장을 위한 전략을 도출할 때 현재의 사업만으로 달성할 수 있는 재무적인 수치와 미래의 비전으로 갖고자 하는 재무적 수치간의 Gap을 도출하고 이 Gap을 메우기 위한 4가지 차원의 달성 전략을 도출하는 프레임 웍이다. 모든 사업 모델이나 상품 등은 결국엔 4가지 범주 안에 드는데 그것은 기존 상품이나 서비스 모델이냐 아니면 새로운 상품이냐의 축과 기존에 영위하던 시장이냐 아니면 새로운 시장이냐의 축으로 표현되는, 4가지 범주로써 앞으로 가져가고자 하는 비즈니스의 모델을 설정 할 수 있다는 것이다. 앞의 세 가지 매트릭스의 예에서 보면 알다시피 복잡한 사업에 관련된 이야기들을 매우 간단한 박스 몇 개로 범주를 나누고 설명한다. 이렇게 되면 모든 사람이 같은 이해도를 가지고 서로 간의 토론이 가능해진다. 이러한 시각화 없이 각 부서나 조직이 각자의 이야기들을 늘어놓으면 말만 많아지고 정리도 되지 않아서 결론이 명쾌하게

2 'The Ansoff product-growth 매트릭스'라고도 불린다. 전략적 관리의 창시자인 Igor Ansoff 박사가 1957년 하버드 비즈니스 리뷰에 발표한 기업의 성장을 위한 4가지 방법을 간단한 표로 정리한 마케팅 도구이다. 기업이 성장하기 위한 여러가지 방향이 있지만 상품과 시장이란 측면에서 간단한 4가지 방법으로 단순화시켜 경영층이 각 방향의 위험도와 가능성을 쉽게 판단할 수 있게 하고 공감을 하게 함으로써 마케팅을 포함한 경영전략수립을 위한 바이블로 알려져있다.

도출되지 않는다.

위의 세 가지 외에도 상황에 맞는 다양한 도식과 매트릭스들이 존재한다. 많은 전략컨설팅회사나 MBA School의 교수들은 아마도 모든 비즈니스 이슈들에 대해 이와 같은 간단하고 명쾌한 매트릭스나 표를 가지고 자신만의 이론을 만들고 도식화하는 전문가들이라고 봐도 된다.

객관적 설득, 숫자로 말해라

둘째, 전략가는 모든 것을 수치로 말할 수 있어야 한다. 경영전략의 대가 마이클 포터 교수는 '숫자로 말하지 않는 것은 하늘의 구름과도 같다.'고 말했다. 기업의 전략은 기업의 성장과 생존에 중요한 부분이라 CEO를 포함한 관련된 임원이 명확하게 이해하고 사안을 결정하지 않으면 나중에 엄청난 대가를 지불하게 된다. 만약에 A라는 사업의 시장성은 있는데 경쟁이 매우 심하여 성공 가능성이 크지 않다고 하자. 그렇다면 경쟁이 매우 심하다는 것을 어떻게 서로 공감을 할 것인가? B라는 사업보다 경쟁이 심하다는 것인지 C라는 사업보다 경쟁이 심하다는 것인지 그 기준과 높낮이가 애매하다. 각자 생각하는 바에 따라 경쟁의 수준에 대한 판단은 주관적일 수밖에 없다.

마찬가지로 시장성이 크다는 것도 막연하게 A라는 사업은 잘 될 것이라고 CEO가 주관적으로 판단했다면 전략가는 그 주관적인 판단을 객관화하기 위해 조사해 수치화해야 한다. 이전에 시도했던 사업 혹은 다른 회사의 사례 등과 비교하여 시장성이 정말 있는지, 있다면 얼마나 시장성이 있는지 분석하고 숫자로 표현해야 한다. 그리고 그 결과를 갖고 다른 임원들을 이해시키고 공감토록 해야 한다. 수치화라는 것은 각자의 머릿속에 있는 주관적인 판단을 객관화 시켜 이성적 토론이 가능하도록 하고, 이를 통해 합리적 결론을 낼 수 있도록 만드는 것이다. 기업이 AC Nielsen이나 TNS 같은 시장 리서치 회사 등에 많은 돈을 쓰는 것도 어떻게든 고객과 시장의 생각과 상황을 수치화하여 경영상의 여러 이슈의 해결을 위한 의사결정을 하기 위해서다. 비록 그 숫자가 완벽하지 못하고 일부 오류의 가능성이 있을 수 있다 하더라도 수치화하지 않은 경영전략 과정은 하늘의 구름과도 같아서 몇몇의 주관적인 주장에 의해 휘둘릴 수 있다. 당신이 뛰어난 전략가로써 자리매김하고자 한다면 반드시 이러한 전략의 수치화를 위한 다양한 기법과 도구에 능숙해야 한다는 사실을 기억하자.

전략가는 끊임없이 공부하고 성장해야 한다

위의 내용 외에도 논리적 사고 및 문제 해결 능력, Business Analysis 기법 및 Facilitation 기법 등 경영전략 컨설턴트들이 다루는 다양한 Tool과 기법에 대해 공부할 필요가 있다.

결론적으로 말하자면 훌륭한 마케터란 반드시 훌륭한 전략가여야 한다는 사실이다. 마케터라 불리면서 위와 같은 전략적 마인드가 없고 기업 내에서 전략가로 인정받지 못한다면 그것은 진정한 마케팅 부서 조직원도, 마케터도 아니다. 단순 상품개발자나 프로모션 담당자, 브랜드 관리자 혹은 광고 집행 부서에 불과하다. 기업의 성장을 이끌고 전략을 끌어갈 마케터를 꿈 꾼다면 반드시 위에서 언급한 전략을 위한 Tool과 스킬을 익히고 연습하고 실제 업무에 적용함으로써 어느 누구도 본인이 전략가라는 것을 부인 못하도록 확실하게 본인을 Positioning 해야 한다.

마케터가 알아야 할 비즈니스 혁신 이야기

새로운 길을 가장 먼저, 두려움 없이 가는 사람

기업의 최고경영자들은 누구나 자신이 변화에 민감하고 혁신에 앞장서고 있다고 주장한다. 그러나 막상 지금의 자리에 오르기까지 고수했던 성공 공식을 깨고 비즈니스 혁신을 꾀하는 기업가는 많지 않다. 이러한 기업의 '고정관념을 깨는 망치' 역할을 하는 마케터는 진정한 혁신가로 평가받을 것이다.

한번쯤 해 봤을법한 생활 속 질문
Q. 과연 내가 하고 있는 사업은 블루오션인가 레드오션인가?
Q. 마케터는 기업의 혁신 과정에서 어떤 역할을 해야 할까?
Q. 기업 혁신 컨설팅 회사들은 무엇을 하는 곳인가?

혁신을 찾아 푸른 바다로!

2000년대 중반, 국내 기업인들 사이에서 가장 유명했던 경영서적은 앞에서 잠시 언급하였던 〈블루오션 전략〉이라는 책이다. 인시아드[3]의 김위찬 교수와 르네 마보안 교수가 공동집필했다. 2000년대 중반은 90년대 말의 IMF 그늘을 거의 걷어내고 세계적인 호경기, 특히 중국 특수에 힘입어 국내경기 또한 성장가도로 달리던 때였다. 물론 그 때도 상당히 어렵고 힘든 시기라고 했었지만, 지금에 비하면 정말로 호경기였던 시기로 기억한다. 그 당시 기업들은 어렵던 불황의 터널을 막 지나 기지개를 켜면서 새로운 사업기회와 성장 발판을 만들려고 노력했다. 그때 창의적이고 혁신적인 방향으로 기업을 변화시킨 기업과 불황의 상황을 두려워해 소극적 방법으로 안전한 기존의 길만 고집했던 기업들로 나뉘었다. 그러나 5~6년이 지나자 그 결과는 상반되게 나타났고 명확하게 비교가 되었다.

〈블루오션 전략〉에서 김위찬 교수와 르네 마보안 교수는 어떤 방식으로 기업이 혁신적인 비즈니스 모델을 내세워 기존의 경쟁의 늪에서 빠져나와 미래 성장을 위한 경쟁 없는 새로운 분야로 나갈 것인가에 대해 얘기했다. 두 사람은 지난 120년 동안 큰 성공을 거둔 세계 150개 기업을 분석해 이들이 성공할 수 있었던 요인은 기존의 시장에서 경쟁자들과 싸워 이겼기 때문이 아니라, 전혀 다른 시장을 만들어냈기 때문이라는 결론을 얻었다. 이를 바탕으로 두 사람이 체계화한 경영 전략이론이 바로 '블루오션'인 것이다.

 INSEAD(Institut Europeen d'Administration des Affaires), 프랑스의 경영대학원, 세계에서 손꼽히는 MBA. 프랑스, 싱가폴, 아부다비에 캠퍼스가 있으며 이스라엘에 연구소가 있다.

신기술의 연구·개발에만 집중하기보다는 개발된 기술에 혁신적인 아이디어를 접목해 새로운 시장을 창출하는데 중점을 두는 것이 이 이론의 핵심이다. 즉 '레드오션'으로 표현되는 기존의 경쟁시장에서 나름대로 첨단기술을 개발해 기존 경쟁자를 물리치는 기술 혁신의 차원이 아니라, 현재의 상품이나 서비스가 제공하지 못하는 '가치'를 찾아 새로운 시장을 개척하는 것이 바로 '블루오션'이라고 피력했다. 앞으로는 새로운 시장으로 나아가지 못하는 기업은 경쟁자들과의 싸움 속에서, 결국엔 비용 효과적인 측면에서 수익성은 악화될 것이고 끊임없이 등장하는 경쟁자로 인해 시장 영역을 계속 잠식당할 것이다. 특히 중국이나 동남아시아, 동유럽 등에 산재한 저비용구조의 생산체계는 제조업의 경쟁구도를 순식간에 붉은 빛으로 만들어 버렸다.

제조업 뿐 아니라 유통업도 마찬가지다. 기존의 백화점, 대형마트, 슈퍼마켓 등의 업태는 더 이상 출점할 곳도 마땅치 않다. 출점하더라도 기존의 투자비보다 몇 배의 비용을 써도 기존 상권의 경쟁으로 인해 매출액은 몇 분의 일로 줄어들 수밖에 없는 현실이다.

그래서 이제는 기업의 모든 역량을 새로운 비즈니스의 영역을 찾기 위한 비즈니스 혁신에 쏟아야 하는 시기다. 앞의 글에서 여러번 언급했듯이 마케터들은 디자인적 사고방식과 크리에이티브가 담긴 통찰을 현재 비즈니스를 위한 상품 및 서비스 개발과 운영에 담아내야 함과 동시에 근본적인 기업의 비즈니스 혁신과 변화 또한 주도하여야 한다.

살아 있다면 혁신은 당연하다

혁신(Innovation)의 반대말을 굳이 찾는다면 안주가 아닐까 싶다. 미 에모리대 그레고리 번스 교수에 의하면 '인간의 뇌는 에너지를 아끼기 위해 항상 가던 길로 가려는 습성이 있다'고 한다. 어느 기업이든 성공적인 최고경영자 들은 두 가지 함정에 빠지기 쉽다.

첫째는 기존의 성공 방식에 대한 절대적인 믿음으로 인한 함정이다. 오너가 아닌 대부분의 최고 경영자들은 10년 혹은 그 이전부터의 사업 성공의 공을 인정받아 지금의 위치에 섰기에 성공할 당시의 성공논리를 성경처럼 믿고 있다. 누구나 자신들은 항상 변화와 혁신에 민감하고 앞장서고 있다고 말하지만, 10년 전의 성공 공식을 전혀 깨려 하지 않으며, 오히려 새로운 공식을 얘기하는 내부의 목소리를 철없는 애송이의 치기로 치부한다.

두 번째는 숫자의 함정이다. 고도 성장기의 비즈니스 모델에서 성공한 CEO는 새로운 사업을 한다면 지금하고 있는 사업만큼의 매출과 수익률, ROI 등의 숫자적 성과가 새 사업의 시작부터 담보 돼야 한다고 생각한다. 아주 작은 실패도 용납하지 않으려는 자세다. 오히려 새로운 사업으로의 진출이 기존 사업을 갉아 먹어 결국엔 해가 될 것이라는 확신까지 있다. 이러한 과거의 마인드로 현실만 유지하며 안주하려는 자세를 깨는 것이 바로 혁신이다. 자신의 자리를 박차고 일어나 새로운 곳을 향해 움직이는 기업만이 21세기에는 성공한다. '블루오션'을 비롯한 수많은 혁신에 관련된 경영서들은 이런 철학과 자세로 성공한 기업의 사례와 반대로 자기 자리에 안주하며 몇 년을 허비하다가 망하게 된 수많은 기업들을 소개하고 있다.

최근 일련의 뉴스를 통해 수십 년 동안 기업의 최고봉으로 추앙받던 철

웅성 같던 많은 일본 기업들 소니, 마츠시다, 엘피다, 도요타, 닌텐도, 이토요카도가 경영난에 봉착하게 된 것을 보면 놀라지 않을 수 없다. 특히 소니나 마츠시다 등의 경영자들은 90년대 중반까지만 해도 경영의 신으로 불리며, 우리나라 뿐 아니라 미국이나 유럽의 모든 사업가들이 존경하던 사람들이었다.

하지만 이런 전설적인 성공이 안주의 함정에 빠지게 했고, 사업은 이렇게 하는 것이라는 고정관념을 만들어 왔다고 할 수 있다. 물론 지금도 엄청난 기술력과 인재를 보유한 채 저력을 과시하고 있지만 이미 그들이 성공했던 과거와는 달리 지금의 세계 환경은 너무 달라져 있다. 거기에 기후변화와 같은 예측 불가능한 변수, 금융자본의 순간적인 이동과 급등락, 글로벌 시장의 신속한 연대와 분열과 같은 외부의 충격은 과거의 고정관념으로 만들어진 경영 매뉴얼로는 대응할 수 없게 되었다.

IDEO, 혁신을 말하다

과연 어떻게 하면 기업의 고정관념을 깨고 끊임없는 비즈니스 혁신을 통해 지속적으로 '블루오션'을 향해 나갈 수 있을까? 결론적으로 고정관념을 깨는 망치의 역할을 마케터가 해야 한다. 가장 시장에 민감하고, 많은 데이타를 접하고, 고객의 목소리를 직접 듣고, 상품을 개발하고, 가격전략과 채널을 관리하면서 프로모션을 수행하고, 광고와 홍보를 진행하면서 매출과 수익을 챙기는 마케터가 이러한 역할을 하지 않는다면, 과연 기업 내에서 누가 할 것인가? 재무나 관리부서? 영업부서? 사업의 후방을 맡고 있는 제조나 물류부서? 최고경영자를 보좌하는 기획이나 전략부서? 물론 최종 의사결정을 지원하는 기획의 역할이 결정적이긴 하지만 현재 돌아가고 있는 비즈니스를 실무적인 차원에서 밀접하게 수행하면서도 중장기 플랜을 고민하는, 그 결과 새로운 혁신의 방향을 늘 제시하는 마케팅 부서와는 현실성의 면에 있어서 차이가 있기 마련이다. 그러나 고정관념의 망치역할은 마케팅이 한다하더라도 결국은 기업의 구성원 전체가 혁신에 민감하고 혁신이 체질화 되어야 한다.

구글에서 비즈니스 혁신이라는 키워드로 검색하면 가장 먼저 떠오르는 미국의 기업이 있다. 샌프란시스코에 본사를 두고 있는 IDEO라는 기업이다. IDEO는 창의적인 디자인을 제공하는 유명한 디자인 회사로 알려져 있지만 지금은 단순 시각적인 디자인이 아닌 비즈니스 모델 및 프로세스 디자인을 포함, 앞에서 언급한 기업의 혁신을 위한 모든 것에 관련된 혁신방향을 제시하는 기업이다. 한마디로 기업의 혁신을 디자인하는 회사다.

IDEO의 창립자 데이비드 켈리는 1978년 실리콘벨리 팔로알토의 의류상가 2층에 있는 작은방 두 칸을 얻어 창업했다. 그 후 여러 번의 M&A나 성장을 통해 발전해 왔는데, IDEO라는 이름은 철학이나 관념이라는 뜻을 가진 'Ideology'의 앞부분을 따서 만들었다. IDEO는 항상 사물을 다르게 보고 사고해 늘 생각 이상의 혁신적인 결과물들을 세상에 내놨다. 최근의 비즈니스 혁신 트렌드에 편승해 순식간에 엄청난 주목을 받게 된 IDEO는 사실 오래전부터, 우리에게는 이제서야 익숙해진 모델과 용어를 처음으로 정의하고 써 왔다. 이제는 단순한 디자인 프로젝트에 대한 의뢰가 아닌 국가정부의 업무 프로세스나 조직설계, 대형기업의 사업 구조조정 방향이나 조직개편, 새로운 비즈니스 모델의 설계 프로젝트 등 경영전략 혁신프로젝트의 중심에 있다.

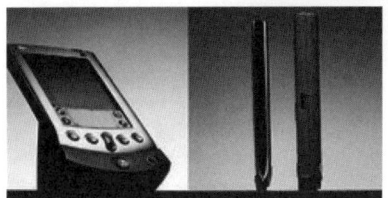  

IDEO의 혁신을 위한 다섯 가지 방법론

IDEO에서는 혁신적인 아이디어와 방향을 도출하기 위한 IDEO way라는 그들만의 방법론을 가지고 있다. 그리고 기업의 모든 구성원들과 조직에 이러한 혁신의 DNA를 수용하기 위해 비싼 비용을 들여 IDEO의 way를 받아들이고 있다. IDEO way는 크게 다섯 가지 절차의 혁신 방법을 제시한다.

첫째는 철저한 고객관찰(Customer Observation)이다. 모든 사업 아이디어와 창의적인 제품 및 서비스 설계, 디자인은 바로 고객 관찰에서 비롯된다. 고객과 시장을 관찰한다는 것은 어느 기업이나 마케팅 부서의 일상 업무지만, IDEO에서는 남다른 방법을 사용한다. Shadowing(미행)이라고 불리는 방법으로 고객을 뒤에서 미행 관찰하며 일상의 일거수일투족을 관찰한다. 또 Behavior Mapping(행위 맵핑)은 특정 공간과 장소에서 많은 사람들이 어떻게 행동하는지 끊임없이 사진을 찍어 분석하는 방법이다. Camera Journals(카메라 저널)은 타겟이 되는 고객이나 대상들에게 카메라를 주고 자신의 시각과 관점에서 세상을 보는 사진들을 계속 찍어오게 한다. 마지막으로 Story Telling(스토리 텔링)은 고객관점에서 자사 혹은 경쟁사의 제품이나 서비스에 대해서 끊임없이 말하게하여 함께하는 일상생활 속 이야기를 가져 오게 하는 방법이다. 앞에서 언급한 몇 가지 절차들은 일부의 마케팅 부서에서는 일상적 업무기도 하지만 IDEO에서 처음으로 사용하면서 제시한 내용들이다. 이렇게 고객의 눈과 머리로 모든 사물을 관찰하게 되면, 그동안의 기업 중심의 마인드에서 고정관념의 틀에서 벗어날 수 있는 모티브를 찾게 된다.

둘째는 브레인 스토밍(Brain Storming)이다. 브레인 스토밍도 지금은 어느 기업에서나 사용하는 용어이지만, 이 또한 IDEO에서 처음 제시했다. 브레인 스토밍은 다양한 사람들이 모여서 당면한 이슈를 해결하기 위한 답 도출을 위해, 혹은 전혀 새로운 관점의 아이디어를 얻기 위한 회의 방식이다.

브레인 스토밍을 위해 중요한 것은 멤버의 구성이다. 늘 보는 얼굴, 말 안 해도 뻔히 아는 조직의 사람들이 아니라 다양한 관점을 제시할 수 있는 다양한 종류의 사람들이 모여야 한다는 것이다. 엔지니어, 마케터, 심리학자, 시각디자이너, 평범한 주부, 때로는 정치가, 어린 학생 등 다양한 사람들이 모여 그야말로 폭풍이 휘몰아치듯이 직관적이고 떠오는 생각들을 거침없이 제시해야 한다. 대부분의 기업들이 회의 때마다 팀장이나 임원의 눈치를 보고, 리더의 입맛에 맞는 아이디어를 이야기하거나 새로운, 생각지도 못한 의견을 내다가 팀장에게 제지를 당하는 그런 회의가 아닌 것이다.

브레인 스토밍은 지루하게 몇 시간 동안 지속되면서 뭔가 결론을 내기를 강요당하는 것이 아니다. 한 시간 단위로 생각의 폭풍을 마음껏 즐기고, 그 회의시간엔 누구의, 어떤 아이디어 에 대해서도 판단해서는 안 되며, 다른 사람의 아이디어에 덧붙여도 안 되고, 되도록 정제되지 않은 날 것의, 생생한 아이디어를 쏟아내는 것이다.

셋째는 빠르고 심플한 시제품 제작(Prototyping)이다. 브레인 스토밍에서 어느 정도 수렴된 아이디어는 바로 시제품으로 만들어진다. 대개의 경우 아이디어 차원에서 나온 관념상의 내용을 전혀 구현해보지도 않고 이러쿵저러쿵 말들만 하다가 아무런 진척도 이루지 못하는 경우가 많다. IDEO는 어느 정도 가능성이 있다고 보면, 간단하게 시제품을 제작한다. 나무 혹은 흙으로 만들 수도 있고, 제품이 아닌 서비스나 프로세스의 경우 비디오카메라로 간단한 동영상을 만들기도 한다. 여기서 중요한 것은 그 완성도가 아니고 빨리 만들어야 한다는 것이다. 아이디어의 핵심만을 집어내 간단하게 만들고, 이를 사용할 다양한 고객

관점의 시나리오를 작성한다. 그리고 실제로 고객의 경험을 연출하고 때로는 영상화해 생각상의 아이디어를 어떻게든 구체화하고 형상화시켜 모든 사람들이 공감하고 결론을 내릴 수 있게 돕는다. 사람들은 머리로 생각할 때와 실제로 손으로 만져보고 눈으로 확인하고 오감으로 느낄 때, 서로 전혀 다른 결론을 내리기도 한다.

넷째는 프로토타이핑을 통한 검증(Refining)으로 프로토타이핑의 내용을 가지고 다시 집중적인 브레인스토밍을 통해 결론을 도출한다.

마지막으로 수차례의 검증과정을 거쳐 확정된 모델과 아이디어는 Implementation 과정을 거쳐 실현된다. 특히 앞의 세 가지 절차는 IDEO만의 매우 독창적인 방식으로 시작했지만 지금은 세계 모든 기업들이 사용하는 일반적인 방법론이 됐다. 하지만 지금도 IDEO의 사무실에서는 세계 각지에서 의뢰된 수많은 제품과 서비스, 비즈니스 모델을 위해 기존의 틀을 깬 혁신이고 창의적인 아이디어를 만들고 있다.

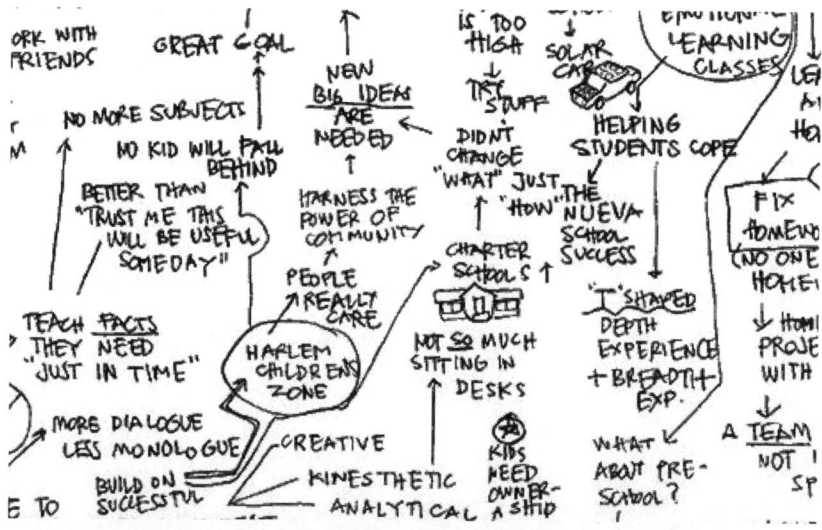

▲출처-쓸만한웹 usableweb.co.kr | Vincent of Marketing Story

마케터, 잠자는 조직을 깨워라

　기업의 미래를 책임질 마케터와 마케팅 조직은 오늘의 영광에 안주하려는 기업 내의 수많은 고정관념과 싸워야 한다. 그리고 그 싸움에서 승리 하기 위해 혁신적인 비즈니스의 미래를 열어갈 열정과 실력을 갖춰야 한다. 또한 IDEO만큼은 어렵겠지만 자신만의 창의적이고 독창적인 방법론을 통해 회사 내의 여러 부서들을 리드하고 최고경영자로 하여금 혁신을 위한 의사결정을 끌어낼 수 있어야 한다. 그래야만 비로소 진정한 마케터라 불릴 수 있는 것이다.

마케터가 알아야 할 성과관리 이야기

전략도 만들고 성과도 만들고, '손익' + '전략' 달성으로 그 성과를 측정하라

기업의 전략적 방향에 가장 민감한 조직은 마케팅 부서로, 마케터들은 BSC와 같은 전략적 성과관리 체계 및 용어와 매커니즘을 이해하고 다른 부서를 선도해야 한다. 기업의 성과관리 툴과 전략적 메커니즘을 제대로 이해하지 못하는 마케터는 기발한 의견을 내놓는 아이디어맨일 수는 있어도 진정한 마케터라고 평가받기 힘들다.

한번쯤 해 봤을법한 생활 속 질문
Q. 왜 전략 컨설턴트는 누구나 다 비슷한 말들을 할까?
Q. 우리 회사 사장님의 장기적인 비전을 위해 오늘 난 당장 뭘해야 하지?

전략의 완성은 성과다

마케터는 기업에서 전략과 실행을 연결시켜주는 가교 역할을 한다. 기업의 비전과 전략이 정해지면 그 비전과 전략을 달성하기 위해서는 혁신적인 사업 모델을 만들거나 새로운 상품을 개발하고, 전혀 새로운 마케팅 기법 등을 통해 지금의 사업구조를 뛰어넘어야 한다. 그런데 이런 과제는 모두 마케팅 부문의 숙제다.

그냥 평범하게 지금하고 있는 사업 분야에서 지금처럼 기업을 운영을 한다면 구태여 거창하게 기업의 비전이나 전략을 세울 필요는 없다. 오히려 사업의 리스크를 회피하기 위해 사업을 확장하거나 혁신을 도모하지 않고 현상유지만을 추구하는 것도 좋은 경영전략 중의 하나다.

하지만 기업을 둘러싸고 있는 모든 사업 환경이나 고객이 변하지 않는다는 보장이 있다면 전혀 문제가 없겠지만 유감스럽게도 기업이 가만히 있을 수 있도록 환경과 고객이 가만히 있지를 않는다. 새로운 사업모델은 1년도 안돼서 도전을 받고, 고객들은 새로운 상품과 서비스, 자극을 원한다. 그래서 모든 CEO들은 끊임없이 기업의 새로운 비전과 전략을 고민하고 수립한다. 하지만 미국 유명 경제지 포천지에 의하면 기업의 비전과 전략들 중에 실제적인 성과로 이어진 경우는 10% 남짓에 불과하다고 한다.

90%의 경우는 단지 CEO와 경영진의 공염불에 불과할 뿐이라는 것이다. 기업들이 막대한 비용을 투입하고 최고의 인재들을 활용해 수립한 전략이 실패하는 이유는 무엇일까? 조사에 의하면 만들어진 전략에 대해 CEO 자신도 만족하는 경우는 45%에 불과하고, 전략이 만들어지는 과정에서 실질적인 실행의 주체들이 참여해서 실현가능한 의사결정이 이루어지는 경우는 23% 정도에 불과하다고 한다. 또 25%의 관리자만이 전략과 연계된 방향으로 조직원들을 평가하고 그에 따른 인센티브를 제공한다. 가장 비관적인 것은 전략의 실행 주체인 기업의 구성원들이 이런 비전과 전략을 제대로 이해하는 경우는 5%도 안 된다고 한다. 전략을 실행할 사람들이 자신들이 할일을 정확하게 알지를 못하니 대부분의 경우는 실패로 끝나는 것이다.

전략? 성과 지표를 제대로 정해야 성공한다

어느 기업이든 성과가 제대로 나려면 추구하는 전략과 실제적인 평가의 측정방향이 명확히 맞아야 한다. CEO가 강조하는 사항과 당장 나에게 주어진 성과의 평가항목이 맞지 않는다면 누가 CEO의 말을 따르겠는가? 이런 사례로 18세기, 영국의 죄수를 호주로 호송하던 배에 관한 이야기가 있다. 당시 영국은 호주를 개발하기 위해 수많은 영국 죄수들을 강제로 호주로 보냈는데, 죄수 호송은 일반적인 상선을 활용했다.

그러나 상선의 선장에게 죄수 일인당 비용을 지불하고 호송을 맡기면 열악한 항해 환경 탓에 죄수의 생존율은 40%가량 밖에 안됐다고 한다. 이에 영국정부는 선장들에게 죄수들을 잘 대해주고 환경을 개선하기를 부탁했으나 크게 개선되지 않았다. 왜냐하면 선장들은 일반 여객 승선료와 같이 승선한 죄수의 숫자에 따라 값을 지불받기 때문에 승선한 후의 죄수의 상태에 대해선 크게 관심을 가질 이유가 없었던 것이다. 고민 끝에 영국정부가 승선을 기준으로 하는 것이 아니라 호주에 도착한 후에 하선하는 죄수의 숫자에 따라 비용을 지불하는 것으로 제도를 바꾸자 죄수의 생존율은 98%로 바로 올라갔다고 한다. 바로 조직의 전략적 방향과 성과측정 및 인센티브의 방향을 일치시켰을 때 성과는 올라가게 돼 있는 것이다. 그렇다면 어떻게 체계적으로 전략적 방향에 맞는 성과관리 구조를 만들 것인가?

90년대 초까지만 하더라도 기업의 성과를 평가하는 방법은 기업의 재무재표 상에 나오는 재무적인 숫자밖에 없었다. 매출이나 수익을 달성하면 좋은 것이고 그렇지 않으면 기업의 모든 노력과 활동은 나쁘게 평가 받았다. 그러다 보니 CEO 및 기업의 모든 구성원들은 단기적인 매출이나 영업실적에 매달리게 되고 궁극적인 기업의 중장기적인 비전이나 전략은 구호로 전락해서 실무로 연결되지 못했다. 이에 성과 측정에 있어서 재무적인 요소들 외에도 기업의 비전 및 전략의 방향과 연결시켜줄 비재무적인 요소와 단기실적이 아닌 장기적이고 비전적인 요소까지도 균형있게 고려해 기업의 꿈과 비전, 전략을 현실적인 업무와 연결해줄 다리 역할이 절실했다.

BSC(Balanced Score Card), 성과측정의 균형을 말하다

 1992년 하버드 비즈니스 스쿨의 로버트 카플란 교수와 르네상스 경영컨설팅사의 데이비드 노턴 박사가 기업 전략실행 성과의 극대화를 위한 방법론으로 BSC라는 체계를 만들었다. BSC는 기업의 비전과 전략을 명확하게 설정하고 공감하며, 전략과 연계된 성과 지표를 도출하고, 지속적인 모니터링을 통해 전략 달성여부를 측정할 수 있는 포괄적인 성과관리 도구다.

 BSC를 그대로 직역하자면 균형 성과지표라는 의미다. 기업의 모든 성과를 단기적인 재무 관점 외에 고객관점, 프로세스 관점, 학습과 성장관점 등의 네 가지 관점으로 확장시켜 분기, 반기 혹은 연간으로 균형있게 모니터링하고 관리해 성과지표의 장기적인 목표로 체계적으로 접근해 가는 것을 말한다. 고객을 만족시키고, 충성도를 높이는 것, 기업 내의 프로세스 효율을 높이고 조직원들의 일하는 수준을 제고하는 것은 단기간 내에 성과가 나오는 것이 아니다. 하지만 1년이고 2년이고 목표를 설정하여 끊임없이 노력을 하다보면 그것들은 어느새 기업의 중요한 핵심 경쟁력이 되고, 향후 기업이 추구하는 비전과 전략을 달성하는데 반드시 필요한 요소가 된다.

 미래의 사업을 위해 R&D나 인재에 투자하고 조직원의 교육 및 양성과 같은 학습과 성장 요소도 중장기적인 사업플랜에 반드시 필요한 항목이다. 예를 들자면, 글로벌 비전을 설정하고 해외사업을 준비하면서 정작 해당 국가의 언어나 문화에 익숙한 직원조차 준비되어 있지 않다면 그 사업은 반드시 실패하게 돼 있다.

국내 BSC 전문 컨설팅회사인 웨슬리 케스트의 정종섭 대표는 한경 BIZ School에서 BSC 네 가지 관점과 기업 간의 관계를 나무에 비교해 재미있게 설명했다.

'재무 관점'은 나무의 열매에 해당한다. 기업의 열매인 재무적인 성과를 나타내는 것이다.

'고객 관점'은 가지에 해당한다. 가지가 풍성하면 열매가 많이 맺히듯이 고객이 많을수록 재무적인 성과가 좋아지는 건 당연하다.

'프로세스 관점'은 줄기와 뿌리다. 가지가 풍성해지기 위해서는 튼튼한 줄기와 뿌리가 있어야 하는 것처럼, 많은 고객을 확보하고 만족시키기 위해서는 조직 내부적으로 탁월한 업무 역량과 프로세스를 보유하고 있어야 한다.

마지막으로 '학습과 성장 관점'은 인적 자산, 조직 문화, 지식 자산과 같은 무형자산을 의미하는 것으로 나무가 뿌리 내린 토양에 해당한다. 아무리 건강하고 좋은 나무도 오염됐거나 영양분이 부족한 토양에 심으면 얼마 지나지 않아 말라죽게 된다.

조직 내에 아무리 좋은 비전과 전략, 다양한 혁신 도구가 있다고 하더라도 이를 운영할 사람과 조직의 문화가 준비돼 있지 않으면 성공할 수 없다는 것이다. 이와 같은 관점으로 기업의 장기적인 비전과 전략을 달성하기 위한 전략 체계도를 구성하게 되면 전략의 완전성을 검증하고 전략의 스토리 텔링을 통해 조직 내 커뮤니케이션을 활발하게 하는 바탕을 마련할 수 있다.

또 다른 전략의 완전성을 검증하는 방법을 소개하면, '전략이 추구하고자 하는 궁극적인 목표인 수익의 수준과 사업모델은 무엇인가'에 대한 답인 재무관점, '어디서 경쟁하고 차별화된 가치를 제공할 것인가'에 대한 답인 고객관점, '어떻게 경쟁할 것인가'에 대한 답인 프로세스 관점, '경쟁을 위해 무엇을 준비할 것인가'에 대한 답인 학습과 성장관점으로 구성할 수 있다.

이런 전략 체계도가 정해지면 이를 실행하기 위해 조직의 각 부문에 과제와 목표가 주어지고 균형 잡힌 시각에서의 실행과 지속적인 성과관리 및 Gap의 충족을 위한 노력을 통해 기업의 비전과 전략을 현실로 만들어 가게 되는 것이 BSC의 기본 구조이다.

BSC의 힘, 모두를 움직여야 전략이 움직인다

BSC가 기업 경영에서 효과를 발휘하는 이유는 세 가지다.

첫째, 전 조직이 단기실적뿐만 아니라 장기적이며 지속적인 경쟁우위를 창출하는 전략에도 집중하도록 함으로써 단기적인 통제와 재무관리 중심의 기존 관리 시스템을 장기적인 전략 관리 시스템으로 한단계 발전시킨다.

둘째, 기업의 핵심 전략이 실제적인 실행의 사업부 조직부터 인사, IT, 재무 등 지원조직까지 긴밀한 연계를 갖고 지원해 시너지를 창출함으로써 실행 및 지원 조직의 기능이 핵심 전략에 우선순위를 부여하도록 한다. 이 과정에서 각 부서의 업무들이 전략을 중심으로 재정렬되는 효과도 나타나게 된다. 이전까지는 이러한 지원부서의 전략과 영업부서의 전략과 업무는 따로 놀기 마련이었고, 항상 눈에 보이지 않는 반목과 갈등이 있었던 것이 사실이다.

셋째로 모든 조직원들이 기업의 전략에 관심을 갖고 학습하는 전략적인 조직문화를 만든다. 이 같은 특징을 가진 BSC는 탄생한 지 20년이 안 되는 역사 속에서 놀라운 성과를 거뒀다. '포춘 500대 기업' 가운데 76%가 BSC를 도입했고, 도입하지 않은 기업의 10%가 도입을 준비 중인 것으로 조사됐다. 또 하버드 경영대학원은 지난 75년간 도입된 가장 중요한 경영 개념의 하나로 BSC를 선정했다. 어느 컨설팅회사건 경영컨설턴트라 하면 BSC를 마치 종교의 Bible과 같이 여기고 BSC에 나오는 용어나 프레임웍을 신봉한다.

BSC에서는 관점(Perspective), 핵심성공요인(CSF, Critical Success Factor), 성과지표(KPI, Key Performance Index), 핵심과제요소(Initiative), 전략 집중형 조직(SFO, Strategy Focused Organization) 등의 용어가 자주 사용된다. 경영컨설턴트와 대화를 해보면 이런 단어를 입에 달고 다닌다. 그만큼 현대의 기업전략에 있어서 BSC의 영향력이 크다는 의미이다. 현대 경영전략의 아버지 피터 드러커 교수는 "기록되지 않은 것은 측정할 수 없고, 측정할 수 없다면 경영할 수 없다"고 말했다. BSC는 전략의 실행과 성과 관리를 위한 구체적이며 체계적인 측정 도구이자 핵심적인 경영 도구다.

조직은 전략을 위해 변신해라

BSC의 성공을 위해 가장 중요한 것은 전사의 구성원들이 전략에 일관 되게 집중하기 위한 전략 집중형 조직(SFO, Strategy Focused

Organization)를 만드는 것이다. 어느 정도 성공적인 SFO로써 알려진 기업들을 분석해보면 5가지의 원칙이 있다.

첫째는 최고경영층의 강력한 리더십을 통한 일관된 동기부여다. 기업의 비전과 전략은 CEO급에서 리드하지 않으면 절대로 구성원을 움직일 수 없다.

둘째, CEO의 전략을 실행 가능한 언어로 구체화 해야 한다. 2020년 50조 달성, 글로벌 Top 10 진입 등 엄청난 비전을 제시하지만 이 비전을 실행 가능케 하기위한 실제적인 언어로 구성원들에게 설명이 되지 않으면 그건 공염불에 불과하다.

셋째, 전략을 중심으로 한 조직의 정렬이 필요하다. 대부분의 기업들은 1년마다 조직 개편을 수행하는데 이 때 전략을 잘 수행할 수 있는 조직으로 새롭게 디자인되고, 그 원칙에 따라 인원배분이 돼야 한다. 하지만 많은 기업이 그렇지 못한 실정이다. Top 10 진입을 위해 연구개발을 강화한다면서 정작 연구인원을 줄이고, 디자인 경영을 주창하면서 디자인 조직을 비용상의 이슈로 축소하는 것이다.

넷째, 전략을 모든 사람의 일상 업무화 해야 한다. 그러기 위해 BSC와 같은 체계가 필요한 것이다. 자신의 업무에 맞는 KPI를 명확히 설정하고 이해하며, KPI를 달성하기 위해 무엇을 해야 하는지 고민하는 자체가 바로 전략의 일상화인 것이다.

다섯째, 전략의 지속적 프로세스화이다. 조직이건 사람이건 끊임없이 잔소리를 하지 않으면 길을 잃게 마련이다. 정기적으로 전략방향과 현재 실행 간의 Gap을 파악하고 KPI를 점검하며, CEO가 설정한 방향과 맞지 않으면 바로 궤도 수정을 할 수 있도록 모든 조직원들이 공감하는 프로세스가 기업 내에 있어야 한다.

과연 이러한 5가지의 원칙을 제대로 지켜가는 기업이 있을까?

의구심을 갖기 쉽지만 실제로 글로벌 성공 기업들은 이런 원칙을 지키기 위해 수많은 자원과 비용을 투자하며 조직원들의 머릿속에 본인의 KPI와 전략과의 연관성을 주입하고 있다. 복잡하다고 이러한 원칙을 무시하고 생략하면서 원하는 만큼의 성과나 조직의 일관성이 보이지 않는다고 불평하는 CEO가 있다면 전략에 대해 무책임하고 공부 안하는 CEO가 분명하다.

마케팅, 결국 성과로 말해야 한다

마케팅 조직과 마케터들은 이런 전략적 성과관리에 민감해야 한다. 기업의 전략적 방향에 가장 민감한 조직도 마케팅 부서여야 한다. 기업의 모든 전략은 궁극적으로 고객에게 제공되는 상품과 서비스 그리고 Communication의 메시지로 구현되기 때문이다.

결국 마케터와 마케팅을 통해 기업의 전략에 맞는 상품이 개발돼야 하고, 기업전략에 맞는 가격정책이 설정돼야 하며, 마진 및 수익성, 마켓 쉐어와 같은 다양한 정책 사이에서 균형점이 찾아져야 한다. 또 기업의 새로운 전략적 방향에 대한 시장 및 고객의 반응을 조사해 전략의 타당성을 CEO에게 지속적으로 피드백 해줘야 한다. 또 앞서 설명한 BSC의 네 가지 관점 중 재무적인 요소를 제외한 나머지 요소는 마케팅 부서에서 분석되고 조사되는 데이터에서부터 비롯되고 성과가 측정된다고 해도 과언이 아니다.

결론적으로 고객관점의 기업, 시장중심의 기업의 전략과 실행의 가교역할은 바로 마케터의 몫인 것이다. 그러므로 마케터들은 위에서 말한 전략적 성과 관리의 체계 및 용어, 돌아가는 메커니즘을 반드시 이해하고 다른 부서들을 리드해야 한다.

마케터, 책사의 임무를 수행해야 한다

훌륭한 마케터는 전략가다. 전략에 무지한, 기업의 전략적 메커니즘을 이해하지 못하는 마케터는 진정한 마케터가 아니다. 더 나아가 훌륭한 전략가는 뜬구름 잡는 전략, CEO가 듣기 좋은 전략스러운 문구만 만드는 자가 아니다. 언제나 실행 가능한, 궁극적으로 성과로 이어질 수 있는 전략을 수립하는 사람이며 전략적 성과관리를 통해 실행을 책임지는 사람이다. 그런 전략가와 전략이 있는 기업이라야 전략 따로 실행 따로 겉돌지 않는다.

마케팅조직은 이런 기업의 전략, 전략적 기업의 가장 중요한 한 축을 담당해야 하며 실행을 위한 조직의 토양을 만드는 첨병의 역할을 해야 한다.
영업, 생산, 개발, R&D, 고객관리, 지원, 물류 등 모든 관련된 부서와 밀접하게 연계되어 허브의 역할을 하는 마케팅은 BSC 관점의 기업의 비전과 전략을 이해하고, 전략에 맞게 기업이 움직이는지, 고객이 반응하는지, SFO 관점에서 조직원들의 이해도가 어느 정도인지, 우리의 상품과 서비스가 장기적인 전략에 맞는지, 과연 목표와 성과가 부합되는지, 미래의 성장을 위해 다각적인 차원에서 장기적인 준비는 되어가고 있는지, 이 중 어느 영역이 부족한지 등을 늘 체크해야 한다. 이런 과제를 앞장서서 하지 못하고, 단지 자기에게 주어진 좁은 의미-교과서적인-의 마케팅 업무에만 매달린다면 그 마케터는 비즈니스 명함이 아니라 마케팅을 공부하는 학생증을 갖고 다녀야 할 것이다.

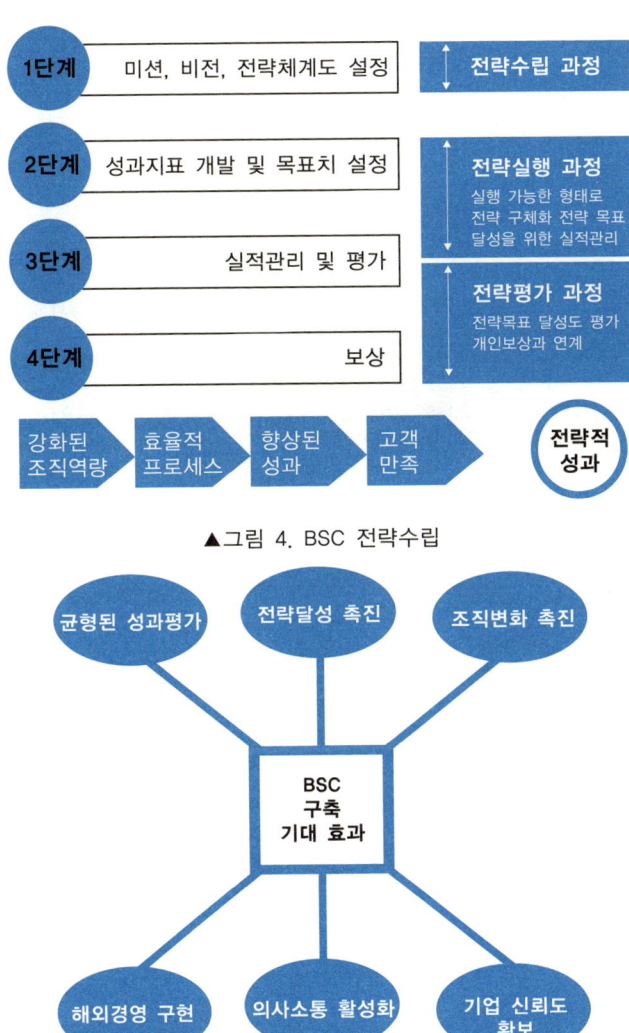

▲그림 4. BSC 전략수립

▲그림 5. BSC 전략수립 효과

마케터가 알아야 할 경영관리 이야기

미래를 위해 불확실성을 통제하는 사람

대부분의 기업 내에서 마케팅 부서의 최대 앙숙은 마케팅 비용을 통제하는 경영관리 부서이다. 하지만, 마케팅 부서는 경영관리 부서의 비용 통제에 불만을 품을 것이 아니라 오히려 고마워해야 한다. 경영관리의 수치적 통제가 '권력 행사'가 아니라 성공적인 마케팅 실행을 위해 반드시 필요한 과정이라고 받아들이고 제대로 대처하는 마케터는 고객과 시장 흐름에 따라 근거 데이터를 제시할 줄 아는 진정 강한 마케터가 될 것이다.

한번쯤 해 봤을법한 생활 속 질문

Q. 어떤 신제품은 성공하고 어떤 신제품은 실패하는 이유가 뭘까?

Q. 왜 마케팅 업계에서는 P&G, P&G 하는가?

Q. 똑같은 입사동기라도 관리부서 사원은 왜 더 어깨에 힘이 들어가는가?

마케팅, 패배의 가능성을 안고 가는 싸움

마케팅은 불확실성이라는 리스크[4] 속에서 성과를 만들어내는 부서다. 새로운 제품을 개발하고 출시할 때마다 제품이 성공하면 얼마나 좋겠는가? 수년 동안 계속해서 출시하는 상품마다 히트치고 수익을 안겨준다면 기업이 무슨 걱정이 있겠는가?

그러나 어느 누구도 새로운 프로모션이나 마케팅 프로그램을 추진할 때 들어가는 비용만큼 매출 증대 효과가 있을지 장담할 수 없다. 심지어 거리의 작은 매장에서 새로운 진열방식을 도입해 수익을 올리려고 인테리어에 투자해도 손실의 리스크는 따른다. 가격인하도 마찬가지이다. 가격을 파격적으로 인하하는 행사를 진행한다면 인하하는 가격만큼 매출이 줄기 때문에 평소보다 고객수가 늘어서 전체 매출이 올라가야 하는데, 그렇게 될지 안 될지 마케터는 알 수 없다. 유통업에선 날씨에 따른 영업 변수도 많고 복잡해서 모든 것이 완벽하게 준비가 됐다 하더라도 하필이면 그날 비라도 줄기차게 내리고, 황사라도 몰려온다면 수익을 시원하게 말아먹게 된다. 모든 것은 불확실하다. 아무리 시장을 분석하고 고객을 연구하고 체계적인 R&D를 통해 상품을 개발하더라도 실패할 수 있다.

> 4 Risk(위험)는 Crisis(위기)와 다르다. 리스크는 내재적이고 위기는 사건적이다. 리스크를 관리 못해 지금 이 순간 사건이 터지면 위기가 된다. 리스크는 우리가 할 미래의 모든 행위에 내재돼있다.
> 일상생활에도 리스크는 존재한다. 아침에 출근할 때 교통사고가 날 수 있다. 겨울엔 걷다가 미끄러져 다칠 수 있다. 결국 리스크는 확률의 문제다. 리스크가 실제로 발생할 확률이 높을수록 불안은 증가하지만 모험의 강도는 커지고 당연히 성공의 대가도 크다. 대표적인 게 도박이다.
> 딸 확률이 적을수록(돈을 잃을 리스크가 클수록) 땄을 때의 금액은 크다. 돈을 잃을 확률이 높은 파생상품이나 펀드, 고수익을 보장하는 부동산일수록 당연히 잃을 확률도 높다.
> 우리가 IMF시절 고생한 건 글로벌 금융 환경이 변하면서 우리나라의 힘으로 어찌해 볼 수 없는 리스크 요인이 많아졌는데 미리 대비를 못했기 때문이었다.
> 결국 좋은 기업일수록 리스크 관리를 잘해서 위기 발생의 가능성을 줄인다. 리스크 관리의 두 핵심 요소는 정보와 기술이다. 복잡한 환경, 미지의 환경에 들어 갈수록 그 환경을 예측하는 데 필요한 정보의 양은 상대적으로 많아진다. 정보에는 외부 정보와 내부 정보가 있다. 외부 정보는 환경적인 것이다. 히말라야의 미지의 고산 등반을 예로 들면 쉽다. 여기서 외부 정보는 산에 관한 정보다. 산의 객관적인 높이, 루트, 적설량과 기후, 기상, 산의 각도와 난이도 등이 외부 정보다.
> 내부 정보는 조직에 대한 객관적 평가다. 환경을 이겨낼 수 있는 역량이 있는지를 냉철하게 검토하는 것이다. 고산 등반의 경험이 있는지, 몇 명의 대원이 필요한지, 장비는 충분한지, 구조대는 준비돼 있는지 등이 그 예다. 그러나 외부 정보는 아무리 노력해도 완벽해 질 수 없다. 환경은 언제나 변할 수 있기 때문이다. 그래서 더 완벽히 예측하기 위해 기술이 필요하다. 관찰, 통계, 그리고 통제의 기술이 고도화 될수록 리스크의 확률은 줄어든다. 하지만 리스크 제로의 세상은 없다. 특히 마케팅은 초 단위로 변하는 사람의 마음을 훔치는 작업이기에 그 어떤 금융 상품보다 높은 리스크를 가진 채 행해진다고 봐야 한다. 그래서 이장의 내용이 마케터에게 매우 중요한 것이다.

리스크에 촉을 세우는 사람들

이런 리스크에 매일매일 스트레스를 받고 있는 마케팅 부서의 속을 항상 긁어 놓는 부서가 바로 경영관리부서다. 경영관리부서는 항상 마케팅 부서의 브랜드관리, 상품개발, 프로모션과 매장 개선, 고객관리 등의 수많은 활동을 위해 들어가는 비용이나 투자에 대해서 항상 시비 걸고, 딴죽을 건다. 항상 돈이 들어간 만큼 효과가 얼마나 나올 것인지 약속하고 그에 대해 책임을 질 것을 요구한다. 아마도 경영관리에서 책임지라고 요구한 대로 마케터들이나 영업부서들이 책임을 진다면 회사에 남아있을 관련 부서 직원은 한 명도 없을 것이다. 그래서 그냥 새로운 비용이나 투자에 대한 리스크 부담을 지지 않고 아무것도 새로운 것을 안 하고 그냥 있겠다고 하면, 그때는 또 작년대비 매출은 20% 높여야 하고, 수익도 15% 높은 계획을 수립했다면서 목표 할당에 합의 할 것을 요구한다. 목표가 너무 높다고 하면 전사적인 경영 목표가 이러내 저러내 하면서, CEO선에서 확정난 사항이기 때문에 무조건 하라고 으박지른다. 아니 어떻게 아무런 Risk를 지지 않고 획기적으로 매출과 수익을 올릴 수 있다는 말인가? 난감한 과제를 던져주는 것이다.

이럴 때 마케터들은 경영관리 부서 직원들의 머릿속은 과연 어떻게 생겨 먹었는지 궁금해진다. 감성도 감각도 없는 오로지 재무수치와 경영지표에만 매달리는 메마른 사람들만 같다. 반대로 경영관리 부서원들과 이야기 해보면 마케팅이나 영업부서 직원들은 대책도 없고 아무 생각없이 비용과 돈만 쓰겠다고 우기는 단순한 인간들이다. "돈 써서 프로모션하고 비용 들여서 매출 올리는 건 누가 못하냐?" 참신한 아이디어도 전략도 없고 계획도 엉성한 형편없는 부서라고 폄하한다. 이전의 경영컨설턴트 시절, 마케팅이나 영업전략 프로젝트를 위해 인터뷰를 해보면 어느 기업이든 반드시 나타나는 반복 현상이다. 마케터로서는 도저히 이해가 안 되는, 경영관리는 마케터에게 어떤 존재인가? 늘 불확실한 영업 환경과 리스크 요소에 그렇지 않아도 스트레스를 받고 있는데 끊임없이 계획과 통제, 평가와 관리의 잣대를 들이대는 그들은 도대체 왜 이러나?

리스크에 준비 안된 기업들은 쓰러진다

기업의 가장 중요한 목적은 생존과 성장을 거듭해 지속적으로 발전하는 것이다. 이를 위해서 경영환경 변화를 예측해서 기업의 경영활동을 계획하고, 그에 따른 실행 목표를 설정하고, 실행결과에 대한 평가와 통제를 통해 새로운 사업계획을 수립하는 순환과정을 거친다. R&D와 마케팅, 영업부서 등에서 고객이나 시장이 원하는 제품과 서비스를 개발하고 생산하기 위해선 기업이 보유한 경영자원을 효율적이고 효과적으로 운용해야 하며, 이를 위해서는 체계적이며 일관된 업무지원체계가 반드시 필요하다. 경영자원의 무엇을, 언제, 어디에, 왜 사용할 것인가를 명확히 정의하고, 어떻게 조달하고 누가 실천할 것인가에 대해 체계화된 정의가 필요한 것이다.

이것이 바로 기업의 경영관리이며 마케팅 못지않게, 어쩌면 기업의 근간을 받쳐주는 가장 중요한 경영요소다. 그래서 어느 기업이든 경영관리 부서에 나름대로 최고의 인재를 배치하고, 많은 권한을 줌으로써 기업 내에서 위상을 높여준다.

실제적인 경영자원의 통제권한을 가지다 보니, 많은 부서들과 의견 충돌이 있지만 대부분의 경우엔 경영관리의 목소리가 이기기 마련이다. 그도 그럴 것이 많은 기업들이 경영관리의 체계가 무너지고 약화됨에 따라 회사가 어려워지거나 아예 문을 닫게 되는 경우가 비일비재하기 때문이다. 특히 과거 IMF 시절 많은 한국 기업들이 체계적인 경영관리의 부재로 인해 경영자원의 운영을 잘못해서 문을 닫았다. 그 당시엔 일부 최고 경영층의 독단적 판단으로 지나친 사업 확장을 하거나 마케팅이나 영업부서의 낙관적인 전망으로 도를 넘는 투자를 하곤 했었다. 또 시장 점유율이나 기업순위 등에 집착해, 과도한 매출계획 수립 및 계획 달성을 위해 무리한 출혈 경쟁도 했었다. 그 결과는 기업의 수익성의 악화 등으로 이어져 기업 자원의 유동성이 흔들리고 결과적으로 부도가 나기도 했다.

IMF 이전의 시절은 고도성장 시기였다. 그때는 웬만한 사업상의 리스크는 넘어설 수 있다고 판단했고, 자금 유동성 문제 또한 가까운 은행이나 정부의 정책자금으로 수습 가능하다고 믿었다. 또 그 당시엔 전사적인 경영자원을 한눈에 파악하여 최고 경영층에게 보고하고 관리할 수 있는 시스템이나 데이타도 없었다. 그래서 IMF 구제 금융을 받아들이면서 기업경영의 Global Standard로 제일 먼저 받아들인 것이 바로 전사적 자원관리 시스템인 ERP(Enterprise Resource Planning)다. 지금은 웬만한 중견기업도 다 구현 돼 있지만 그 당시엔 굴지의 대기업에게도 생소했었다.

ERP를 통해 기업 내 전 프로세스에 걸쳐 어떻게 자원이 운영되고 있는지 한눈에 파악되고, 수립한 경영계획대로 사업이 돌아가는지, 어떤 리스크 요소가 있는지, 재무재표 상의 숫자와 실제적인 경영상의 숫자가 일치하는가에 대한 부분이 투명해지면서 기업의 실질적인 효율과 경쟁력이 획기적으로 올라가게 됐다. 물론 지금도 이러한 경영관리의 실패로 인해 곤란을 겪고 문을 닫는 기업들도 많지만 그 당시에 비하면 현재 국내 기업의 경영관리 수준은 Global Standard다.

경영관리의 다섯 가지 기능

경영관리의 기능은 크게 계획, 조직, 지휘, 조정, 통제 등 다섯 가지다.

이는 20세기 경영관리 체계를 수립한 유명한 프랑스의 경영자이자 이론가인 Fayol. H.가 수립한 것으로 경영관리의 순환과정으로 표현된다. 모든 기업 활동은 계획과 목표를 세우고, 이 목표를 달성하기 위한 방법을 결정하는 과정이다. 계획과 목표가 세워지면 달성을 위해 구성원들이 담당해야 할 역할 구조를 설정해야 한다. 전사적인 계획과 목표는 이렇게 조직 개별적인 목표로써 나눠져 할당되며, 때로는 전사적인 목표를 위해 새로운 조직체계 및 역할이 설정되기도 한다. 계획과 목표가 조직화되면 이것이 제대로 수행되도록 모니터링하고 동기를 부여하며, 불협화음 및 갈등을 조정해야 한다. 또 조직 내의 물적, 인적, 재무적인 자원의 흐름이 원활한지 판단해 바로 바로 해당부서에 피드백 주어야 한다. 마지막으로 일정기간이 지난 후에 조직의 성과를 측정하고 목표와 비교하며, 이를 토대로 경영전략과 진로를 수정하는 과정의 조직 통제 기능을 해야 한다. 측정과 비교, 그리고 다음 계획을 위한 수정의 역할을 하는 것이다.

어느 조직이나 부서건 타 조직에 의해 측정되고 평가되며, 통제받는 것은 달갑지 않다. 하지만 부분적인 조직의 최적화가 아닌 기업전체의 최적화와 효율 증대를 위해 통제는 반드시 필요하다. 기업의 활동이란 이 다섯 기능의 순환과정을 거쳐 이뤄지며 성장한다. 이 순환과정의 수레바퀴를 돌리는 부서가 경영관리인 것이다.

마케터, 꼬장꼬장한 경영관리와 어떻게 친해질 것인가?

그렇다면 기업의 블루오션을 위해 새로운 성장전략을 수립하고, 이를 위해 획기적인 상품과 서비스를 개발해 시장점유율을 넓혀야 하며, 혁신적이고 크리에이티브한 새로운 시도로 고객기반을 확대하고 수익을 극대화해야 하는 마케터는 기업의 경영과정을 통제하고 모든 리스크 요소를 제거하여야 하는 경영관리와 어떻게 공존해야 할까?

다시 말하지만 마케팅의 모든 활동은 크고 작은 리스크의 연속이다. 이런 리스크를 줄이기 위해 끊임없이 고객 및 시장조사를 하고 지속적인 연구를 하지만 결과에 대한 예측은 언제나 불확실하다. 그리고 경영관리부서는 결과에 책임을 지라고 압박한다.

이 두 상극의 공존을 위한 답은 간단하다. 상투적이지만 "피할 수 없다면, 즐겨라!"다. 어느 마케터건 경영관리 체계의 통제를 벗어날 수가 없다. 그렇다면 경영관리의 통제를 긍정해야 한다.

오히려 본인이 더욱 더 경영관리의 이론을 공부하고, 재무적이고 관리적인 체계에 대해 알아야 한다. 경영관리의 순환과정을 이해하고 경영계획 수립 과정에 필요한 데이터들을 적극적으로 준비해야 한다. CRM 시스템의 데이터 분석을 통해 고객과 시장의 흐름을 명확하게 읽고, 막연하게 이런 상품이 출시되면 매출이 어떨 것이다 같은 주먹구구식 예측이 아니라 객수 및 객단가, 과거 프로모션이나 상품개발 Case study를 기반으로 한 근거데이타를 제시해야 한다. 재무나 관리부서원들이 재무, 회계적인 숫자에 민감한 전문가들이라면 마케터는 재무, 회계 뿐 아니라 시장데이타 및 숫자까지 아는 한수 높은 도사가 돼야 한다.

또한, 경영관리부서의 마케팅 비용 통제에 불만을 품을 것이 아니라 오히려 고마워해야 한다. 때론 마케터들은 감성적이고 감각적이어서 지나치게 결과에 낙관적일 수 있는데, 이러한 낙관적인 흐름의 방향을 트는 숫자적인 통제는 오히려 더 고객과 시장에 맞는 마케팅 활동 방향으로 향할 수 있다. 왜냐하면 마케팅이란 아무리 자원이 많다 하더라도 선택과 집중이 필요한데, 지나친 낙관론은 때론 초점과 방향을 흐리게 해 오히려 너무 많은 상품과 메시지로 고객 공략의 효율과 효과를 떨어뜨릴 수 있기 때문이다.

진정한 파이터는 규칙을 지킨다

세계적으로 마케터의 사관학교로 불리는 P&G는 마치 마케터의 천국처럼 보일지도 모르지만 오히려 마케팅 Principal이라고 불리는 통제 또한 엄격하여 마케터들에게는 지옥으로 불린다.

각 나라별로 런칭하고 출시될 상품에 대한 로드맵이나 스케줄이 매우 제한적이다. 마케터 입장에서는 미국 본사에서 좋은 상품이 개발되면 빨리 런칭해서 영업을 하면 시장점유율을 빨리, 먼저 넓힐 수 있을 것 같지만, 긴 안목과 자원할당의 관점에서 엄격한 통제를 한 결과가 오히려 장기적인 시장점유율을 지켜준다는 정책적 확신이 명확하다. 또 마케팅 프로모션이나 영업비용에 대한 통제 또한 가장 강한 기업이어서 유통업체 입장에서는 짠돌이경영으로 유명하다. 하지만 이런 통제와 관리가 장기적인 마케팅을 강하게 만들어 주며, 이런 강력한 P&G의 경영관리를 상대하는 P&G의 마케터들 또한 강해질 수밖에 없다.

내부적인 통제를 넘어서기 위해서 치밀한 마케팅 계획과 전략, 정확한 숫자와 비즈니스 사례를 준비해야 하며, 예측을 위한 상시적 모니터링을 통해 경영관리 평가 이전에 실시간적으로 현 시장상황을 분석하고 대책을 미리 세우는 선행관리를 해야 한다. 이렇게 되면 마케터는 철저한 준비와 예측 가능한 성과, 이를 바탕으로 한 더 철저한 준비라는 선순환 구조를 만들어 낼 수 있다.

P&G의 강한 경영관리 체계가 강한 마케팅 조직을 만든 것이다. 엄격한 규칙과 훈련체계를 거친 P&G 출신의 마케터들은 최고의 마케터로 인정받으며 세계 어느 기업이든 비싼 몸값으로 스카우트의 1순위다. 아무리 강력한 이종격투기 파이터라도 규칙을 어겨서는 챔피언이 될 수 없다. 진정한 강자는 최선을 다해 훈련하고 엄격한 규칙 안에서 자신의 능력을 최고로 발휘하는 사람임을 잊지 말아야 할 것이다.

마케터가 알아야 할 ROI 이야기

마케팅, 돈을 썼으면 티가 나야 한다

매년 연말 예산철마다 마케팅 예산은 늘 삭감 1순위 항목이다. 예산이 삭감된 현실 속에서 어떤 마케팅 활동을 줄일 것인가를 고민할게 아니라 궁극적으로 오늘의 마케팅 투자가 미래의 기업의 부로 돌아올 것인지를 숫자와 논리, 스토리 등의 도구를 동원해 설득할 수 있는 준비를 해야만 한다. 또 예산 실행 이후 실제로 어떻게 이익으로 환수 됐는지를 입증해 보여야만 한다.

한번쯤 해 봤을법한 생활 속 질문
Q. 왜 늘 마케팅과 IT는 돈먹는 하마 취급을 받을까?
Q. 당분간 TV 광고를 안하면 얼마나 매출에 영향이 있을까?

불황에 '묻지마' 지출은 없애라

모든 기업 활동에는 많은 돈이 든다. 공장을 짓고 운영하는데도 돈이 들고, 원자재 값과 인건비도 든다. 판매채널을 구축을 위한 점포에 대한 투자나 대리점 운영 관리에도 막대한 돈이 들어간다. 미래를 위한 R&D에도 비용이 든다.

이런 여러 기업 활동에 들어가는 비용 중에서 얼마나 돈 값을 하는지 가장 애매하고, 그래서 돈 쓸 때마다 눈치를 봐야 하는 분야가 있는데, 그것은 바로 마케팅과 IT 분야다. 기업의 예산을 수립하고 통제하는 경영관리나 재무부서에 있어서 가장 줄이고 싶어 하고, 심지어 기업 여건이 안 좋으면 가장 먼저 칼을 대는 곳이 두 분야의 비용이다. 그리고 기업의 지출 비용 중에 이 두 분야의 비용이 차지하는 비중이 또한 크다.

이 두 분야의 공통점은 이들이 쓴 돈이 당장 매출이나 이익으로 나타나기 어렵다는 것이고, 또 하나는 재무나 관리부서와 같은 다른 부서에서 쉽게 접근하기도, 이해하기도 어려운 전문적인 영역들이라 비용이 들어가는 항목을 일일이 따져 들기가 어렵다는 것이다. 그래서 다들 속으로는 수 많은 질문을 이 두 부서에 던지고 있다.

"당장 TV광고 안한다고 이번 달 매출이 반 토막 날까?"

"웹 사이트나 SNS 운영을 좀 안 한다고 고객이탈이 갑자기 늘어날까?"

"상품개발을 위한 리서치나 시장조사 안하면 신제품 개발 못하나?"

"IT 시스템 업그레이드 안 하고 용량을 안 늘린다고 시스템이 당장 서버릴까?"

"정보보안이나 관리에 투자 좀 미룬다고 당장 우리 회사 DB가 해킹되거나 유출될까?"

"CRM이나 DW를 통한 고객과 영업에 대한 분석 좀 안한다고 일의 수준이 떨어지나?"

물론 당장은 그렇게 되지 않는다. 심지어는 몇몇 IT 시스템은 당장 써버려도 전혀 사업에 지장을 안줄 수도 있다. 그렇기 때문에 지금과 같은 극도의 불황기 속에서 단기 실적에 쫓기는 많은 전문경영인들이 당장 이 두 가지 비용을 날려버리고 싶은 유혹을 받는 것이다. 또 실제로 많은 기업들이 그렇게 의사결정을 한다. 물론 당장은 그런 의사결정이 효과를 발휘할 수도 있다. 그 효과가 전문경영인의 수명을 조금은 늘려줄 수도 있다.

하지만 한 두 분기가 지나고, 1년 정도 지난 뒤에 그 기업의 상황이 어떻게 될 것인지는 불 보듯이 뻔하다. 수많은 기업들의 역사가 말해주고 있다.

돈 쏠려면 설득의 논리부터 준비해라

이쯤해서 마케터들이 알아야 할 건 이런 성급한 의사결정과 그 결과에 대한 책임을 경영진에게만 물을 수는 없다는 것이다. 지금도 수많은 마케터들이 투덜댄다.

"우리 기업은 마케팅의 중요성을 너무 몰라."

"재무 쪽 애들은 꽉 막혔어. 코앞에 밖에 못 봐. 허구한 날 예산 타령이나 하고말야."

"아니 지금 전쟁이 한창인데 총알을 줘야 싸우지."

물론 맞는 말이다. 투덜댈만하다. IT 부서들도 같은 말을 한다. 하지만 CEO, 경영진, 재무와 타부서가 마케팅을 그렇게 보는 건 전적으로 마케터의 책임이다. 마케터의 머릿속엔 마케팅 비용을 투입하면 효과를 본다는 믿음이 있다. 당장의 이익으로 나타나지 않아도, 장기적으론 고객들의 인지도를 높이고 충성도를 높여 조만간 투입된 마케팅 비용이 대박 효과로 나타날 것이라는 기대가 있다. 마치 연어가 고향을 찾아 돌아오듯이 말이다.[5]

이런 막연한 기대감만으론 숫자에 민감한 냉철한 CEO와 재무 부서를 이해시키고 설득하는 건 불가능하다. 돈이 필요한 마케터가 이들을 설득하기 위한 재무적이고 회계적인 명분을 만들기 위해 논리를 만들고, 설득

5) 우리나라 최대의 연어 모천인 동해안 남대천의 평균 연어 회기율은 1% 정도다. 심지어 그나마도 2000년 이후 계속 낮아져서 작년에는 0.2%였다. 올해도 같은 수치를 예상한다. 이 수치는 인공부화시켜 천 마리를 남대천에 풀어주면 단 두 마리만 3년 후에 어른이 돼서 돌아온다는 얘기다. 마케터가 곱씹어 볼 통계다.

하기 위한 체계를 설계해야만 한다.

예산이 삭감된 현실 속에서 어떤 마케팅 활동을 줄일 것인가를 고민할 게 아니라 궁극적으로 오늘의 마케팅 투자가 미래의 기업의 부로 돌아올 것인지를 숫자와 논리, 스토리 등의 도구를 동원해 설득할 수 있는 준비를 해야만 한다. 또 예산 실행 이후 실제로 어떻게 이익으로 환수 됐는지를 입증해 보여야만 한다.

흔히들 마케터는 우뇌형 인간이고 재무는 좌뇌형 인간이라고 한다. 우뇌형 인간은 감성적이고 창의적이며 한 번에 여러 가지를 종합적 사고를 통해 엮어내 새로운 것을 만들어 내는 능력이 뛰어나다고 한다. 마케터에게 반드시 필요한 요소다. 반면에 좌뇌형 인간은 논리적이고 분석적이며 숫자에 강하고 기억력이 좋다. 한 번에 한 가지씩만 꼼꼼히 챙기는 성격으로, 재무나 관리적인 분야에 어울린다. 이 서로 다른 유형의 인간들이 만나서 마케팅의 효과에 대해서 논의하고 결론을 내야하는데 그게 어디 말처럼 쉽겠는가? 좌뇌형 인간이 마케팅의 잠재적이고 종합적인 역할과 효과를 이해할 수 있겠는가? 결국엔 창의적이고 종합적인 사고가 가능한 우뇌형의 마케터들이 재무와 관리가 필요한 마케팅 효과를 타당성 있는 논리와 숫자로 제시해 주는 것이 맞다.

출혈 경쟁의 최전방, 마케팅

명확하게 집계하고 분석해내기는 쉽지는 않지만 우리나라 주요 상장기업 중 금융업을 제외한 700여 개 기업의 마케팅활동에 들어가는 비용을 추정해보면 연간 약 60조 원 가량이라고 한다. 이는 전체 매출액의 약 5.7% 수준으로 해외 글로벌 100대 기업의 마케팅 비용이 매출액 대비 약

4% 가량인 것을 비교하면 국내 주요 기업들의 마케팅 비용은 다소 높은 수준이다. 국내의 기업들의 경쟁이 그만큼 심하고 치열한 것이다. 경쟁이 치열하지 않다면 기업으로써는 굳이 높은 비용의 마케팅 활동이 필요없기 때문이다.

마케팅 비용의 산업별 특성을 보면 통신 산업이 10~15%가량으로 매우 높다. 그만큼 SKT, KT, LGT의 3자 대결로 정리된 통신 시장이 서로의 점유율을 뺏기 위해 과열되어 있다. 특히 최근 LTE 통신이 런칭된 이후엔 그 정도가 더 심해져서 방통위에서 경고를 하고, 통신사들의 수익성에도 빨간불이 들어 왔었다. 통신 산업 못지않은 분야로는 전자업체가 약 10%, 의약품이 약 16%가량으로 제약업계의 마케팅 비용이 업계 최고 수준임을 알 수 있다. 식품회사들은 약 8~9%가량이고 여러 종류의 서비스업은 7~8%가량으로 높은 반면 유통업은 2~3%가량으로 낮은 편이다. 하지만 유통업도 점차 시장이 포화되고 경쟁이 치열해짐에 따라 비율이 올라가고 있는 추세다.

마케팅 비용 지출이 큰 산업일수록 마케팅 활동을 최적화하고 효율을 제고하면 낭비적인 부분을 최소화할 수 있는 여지가 크다. 그러므로 매출액의 10%가량을 마케팅 비용으로 지출하는 통신, 전자, 식품, 의약 등의 기업들은 현재의 마케팅 활동의 성과를 철저하게 따져보고 성과가 높은 활동 중심으로 자원을 집중하는 노력을 해야 한다.

유통의 경우도 일반적으로 매출대비 이익의 비율이 많아 봐야 5~6%인 경우가 일반적인데, 이론적으로 마케팅 비용을 혁신적으로 줄일 수만 있다면 이익을 50%가량 올릴 수 있다.

그러므로 항상 숫자에 쫓기는 CEO나 CFO는 마케팅 비용을 어떻게든 줄이고 싶은 충동을 느끼는 것이다. 그러므로 마케터들은 자신들이 돈만 쓰는 조직이 아니라 돈을 벌어오는 조직임을 스스로 입증하여야 한다. IT부서도 같은 고민 끝에 IT 투자에 대한 ROI(Return On Investment)라는 개념을 일찍이 정립하고 모든 예산이나 비용 산정을 위한 프로세스에 포함시켰다. ROI라는 개념을 통해 IT 투자대비 효과를 수치화함으로써 IT투자로 인한 수익 상승분을 전사적으로 공감시킬 수 있게 된 것이다.

이런 ROI의 개념을 도입함으로써 앞서가는 기업의 IT 부서는 단순히 돈만 잡아먹는 부서(Cost Center)가 아닌 수익을 창출하는 부서(Profit Center)로써 인식이 되고 IT 담당임원인 CIO의 위상도 많이 올라가게 됐다. 이와 마찬가지로 마케팅 부서도 사용되는 마케팅 비용에 ROI의 개념을 도입해 직접적으로 돈을 벌어오는 부서로서의 위상을 만들어야만 한다.

ROI, 마케팅에 들어가는 돈은 비용이 아니라 투자다

ROI의 개념은 들어간 비용대비 효과로 공식을 보면 ROI=(마케팅 활동으로 인한 순수익의 증가분-투입된 마케팅 비용) / (투입된 마케팅 비용)이다. ROI가 1보다 크면 마케팅 활동으로 돈을 번 것이고 1보다 작으면 돈만 날린 거다.

이것은 철저하게 회계적인 개념으로, 선진기업들은 투자하는 모든 활동에 대해 ROI를 산정하고 경영활동을 관리한다. 하지만 여태까지 마케팅 조직은 마케팅 활동으로 인한 순수익의 증가분을 단기적으로 산정하기 어렵고, 또한 이익의 증대는 단순한 한두 요소가 아닌 매우 복잡한 메커니즘이 얽혀있다는 이유로 마케팅의 투자가치 입증을 미뤄왔다. 이 과정에서 어쩌면 마케터 스스로가 본인들의 활동을 인정받을 수 있는 기회를 스스로 놓쳤는지도 모른다. 물론 정확한 마케팅 ROI를 산정하기 위해서는 마케팅 지식과 회계 지식이 동시에 요구된다. 그러므로 유능한 마케터라면 여러 번 강조했지만 기본적인 회계적인 감각과 역량을 갖추어야만 한다.

마케팅 활동을 통한 순수익의 증가분 산정을 위해서는 세 가지 요소를 고려해야 한다.

첫째는 가장 기초적인 것으로, 어디에 얼마만큼의 마케팅 비용을 쓰고 있는지 명확하게 산정해야 한다. 이건 기본이고 필수다. 매우 당연하고 기본적인 내용이지만 놀랍게도 대부분의 기업은 명확한 마케팅 활동의 투입과 성과를 산정해낼 수 있는 내부 비용 표준화 체계가 미흡하다. 마케팅 활동별로 공통비, 간접비, 이익 배분 규정 등이 애매하며 심지어는 브랜드별, 상품별, 지역별, 채널별, 서비스 별로 각각 얼마의 마케팅 비용을 쓰고 있는지 전혀 측정이 안 되고 있다. 그냥 대략적으로 전체 마케팅 부서의 비용으로만 산정하는 경우가 대부분이다. 이 경우 브랜드별, 상품별, 지역별, 채널별 마케팅 ROI가 나올 수 없으며, 궁극적으로 마케팅 비용 최적화를 위한 계획이 세워질 수가 없다. 왜냐하면 대다수 제조사의 브랜드마다 상품마다 혹은 지역 또는 유통채널마다 이익이 같지 않기 때문이다.

둘째, 마케팅 활동의 개별 활동과 기대되는 수익간의 인과관계를 명확하게 그릴 수 있어야 한다. 대부분 증가되는 매출이나 수익은 한 두 가지의 요인이나 활동으로 인해 영향을 받는 것이 아니라 매우 다양하고 예측하기 어려운 다양한 요인들에게 영향을 받는다. 마케팅 의도와는 다른 날씨, 경쟁사의 상황, 실물 경기 및 소비자 동향 등에 의해 좌우되는 경우가 많다. 특히 요즘처럼 유래 없는 불황이 지속되는 상황에서는 백약이 무효이기에 어떤 프로모션이나 활동을 해도 매출 끌어올리기가 힘들다. 오히려 이럴 때는 단기 마케팅 비용을 줄이고 경기가 나아졌을 때 고객들을 끌어 오기 위한 장기적 관점의 브랜드 이미지 제고나 로열티 관리, 상품 개발을 위한 활동에 투자하는 것이 현명하다.

하지만 안타깝게도 많은 기업들은 오히려 불경기 속에서 당장의 매출을 끌어올리기 위해 이전에 없던 판촉이나 프로모션까지 동원해 매출을 촉진하려는 경우가 많다. 이 경우 대부분은 매출을 올리는 건 고사하고 매출은 제자리인데 막대한 마케팅 비용만 투입돼서 수익만 까먹는 악순환에 빠진다. 아마 열이면 다섯은 불황기에 이런 마케팅 투자를 해서 손해를 볼 것이다.

그러므로 투입된 마케팅 비용이 예측 못했던 복잡한 변수들의 영향을 배제하고 어떻게 현재 달성된 매출이나 수익에 영향을 미쳤는지 명확하게 인과관계를 밝혀야 한다. 다이어그램과 같은 그림을 통해서든 표를 통해서든 모두가 수용할 수 있는 방법을 통해 전사가 공감할 수 있는 마케팅 ROI를 산정해야만 한다.

셋째, 마케팅의 활동은 단기적인 효과도 있지만 장기적인 효과도 있기 때문에 ROI를 해당 회계분기나 연도 내의 측정이 아닌 향후 발생 효과를 현재의 기간 내로 환산할 수 있는 NPV[6](Net Profit Value)의 방식을 적용해야 한다. 즉 특정 마케팅 활동으로 인해 장기적으로 증가될 고객 수, 고객 충성도, 고객 가치, 또한 미래 추정수익 등과 같은 향후 1~2년 동안의 Value를 현시점의 가치로 환산해, 미리 앞당겨 인정받을 수 있도록 하는

[6] 순 현재 가치(Net Present Value, 줄여서 순현가 또는 NPV)는 어떤 사업의 가치를 나타내는 척도 중 하나로서, 최초 투자 시기부터 사업이 끝나는 시기까지의 연도별 순이익의 흐름을 각각 현재가치로 환산하여 합하여 구하는 것이다. 이를 통해 현재 투자해야하는 사업기회에 대한 투자가치를 판단하는 방법이다. NPV가 0보다 크면 투자가치가 있는 것으로, 0보다 작으면 투자가치가 없는 것으로 평가한다. 아래 공식에서 따라, 각 현금 흐름을 현재가치로 할인하여 합하면 순현재가치를 구할 수 있다.

$$NPT = \sum_{t=1}^{N} \frac{C_t}{(1+r)^t} - C_0 \quad NPT = \sum_{t=0}^{N} \frac{C_t}{(1+r)^t}$$

t : 현금 흐름의 시간 N : 사업의 전체 기간 r : 할인율
C_t : 시간 t에서의 순현금흐름
C_0 : 투하자본(투자액)

것이다. 이는 일반적인 투자를 평가하는 회계적인 관점에서는 흔한 일이었지만 마케팅의 효과를 측정하는 데는 고려되지 않았던 방식이다.

돈의 흐름이 보여야 결과도 확실하다

이렇게 마케팅 ROI의 개념을 잘 활용해서 마케팅이 돈 버는 부서로 확실하게 인정받고 자리잡은 기업으로는 당연히 P&G를 손꼽을 수 있다. 이 외에도 전자나 IT분야엔 IBM, 유통분야는 영국의 Tesco, 서비스 분야엔 디즈니 등이 마케팅 ROI 개념을 통해 방대한 마케팅활동을 최적화한 기업들이다.

삼성전자도 세계적으로 연간 약 9조 원에 달하는 마케팅 비용을 지출하는 마케팅 공룡으로써 상당한 마케팅 역량을 가지고 있다. 그러나 2000년 초반만 하더라도 삼성전자는 글로벌 사업이 급속히 확대되면서 세계적으로 어디에 얼마나 마케팅 비용을 쓰고 있는지 집계조차도 쉽지 않았다. 반도체와 LCD, 휴대폰과 영상, 생활가전에 이르는 매우 다양한 브랜드와 상품 포트폴리오에서, 또 각 나라의 법인에서 도대체 어디에 얼마만큼 광고나 판촉, 이벤트 등이 진행되고 그 효과와 영향이 어떤지 알 수 없었던 것이다. 이에 삼성전자는 앞에서 언급한대로 MDC(Market Driven Change)라는 프로젝트를 수행하면서 제일 먼저 복잡하고 표준화가 되어 있지 않던 방대한 마케팅 비용과 활동들을 관리하고 모니터링 할 수 있는 체계를 만들었고 이를 통해 마케팅 ROI에 대한 tool을 만들었다.

얼마나, 어디에 비용이 쓰였는지 투명해지자 자연스럽게 매출이나 수익의 증가분에 대한 마케팅 기여도를 맵핑하고 연결시킬 수 있는 근거가 마련됐다. 이를 기반으로 브랜드별, 상품별, 지역별, 유통채널별로 체계적으로 마케팅 비용이 할당됨에 따라 실효성 있는 마케팅 ROI를 산정할 수 있게 됐다.

이것이 가능해지자 자연스럽게 나라별, 지역별로 마케팅 ROI가 높은 브랜드와 상품 및 채널에 집중적인 투자를 할 수 있게 됐고, 지역에서 선호하는 상품들에 대한 효과적인 마케팅이 이뤄지면서 그 효과가 증대되는 선순환 구조가 정착됐다. 현재 가전업계에서 삼성전자의 마케팅 수준은 비용 규모면에서나 효율면에서나 세계 최고라고 해도 손색없다. 이런 위상은 2000년대 초반부터 차근차근 잡아온 마케팅 관리 체계와 ROI 관점을 통한 마케팅 활동의 최적화 노력의 결과다. 아마도 마케팅 역량과 혁신적인 기술의 상징인 애플의 독주에 유일하게 대응할 수 있는 기업인 삼성전자의 경쟁력은 앞으로도 꾸준히 유지되지 않을까 싶다.

생존을 위해 자신의 가치를 증명해라

마케팅의 최대의 적은 기존의 주어진 예산에 근거해 과거에 했던 마케팅 활동 및 투자의 답습이다. 쉴 새 없이 바뀌는 고객과 시장의 변화 속에서 과거에 했던 마케팅 활동의 답습은 바로 마케터의 죽음을 의미한다. 하지만 기업의 경영 및 관리체계는 오히려 이런 통제된 예산 속에서의 기존 방식 답습을 요구한다. 안전하기 때문이다.

마케팅의 모든 활동은 불확실한 예측 속에서 끊임없이 크고 작은 리스크를 책임지는 활동이다. 마케터는 항상 마케터의 생명을 걸고 자신의 마케팅을 내외부에 Sales 해야 하고, 마케팅 ROI라는 회계적 사고를 통해 마케팅의 가치를 기업의 모든 사람들에게 합리적으로 입증해야 한다. 하지만 마치 주식투자에서 작은 투자로 짜릿한 잭팟을 터뜨려 떼돈을 벌었을 때의 성취감처럼, 마케팅 ROI를 통해 마케팅의 효과가 투자대비 몇 배 혹은 몇 십 배의 효과로 입증 됐을 때의 성취감과 만족감은 아마도 진정한 마케터만이 누릴 수 있는 엄청난 특권임이 분명하다.

21 STORIES WHICH MARKETERS SHOULD KNOW

Epilogue

성공 이야기
마케팅의 달인은 하루아침에 탄생되지 않는다

마케터가 알아야 할 성공 이야기

마케팅의 달인은
하루아침에 탄생되지 않는다

당신도 언젠가는 제2의 테리 리히나 최지성 부회장이 될 수 있다. 마케팅의 전설이 될 수 있다는 말이다. 이러한 꿈을 가진 근성있는 마케터들이 우리나라에 많아질수록 전 세계의 총성없는 마케팅 전쟁에서 한국 기업의 승전보가 끝없이 전해질 것이다.

기본기가 충실한 마케터가 필요하다

앞의 다양한 이야기들을 통해 마케터들이 반드시 가져야 할 기본기와 역량에 대해 알아보았다.

레드오션으로 표현되는 치열한 경쟁상황과 복잡해진 비즈니스 환경 탈출을 위해 기업의 새로운 방향을 제시하고, 고객 로열티 유지를 위한 창조적인 비즈니스 모델을 제시함과 동시에 시각적이고 디자인적인 크리에이티브를 통해 기업을 세련되고 차별화되게 만들 능력을 가진 사람, 그야말로 마케터에게 슈퍼히어로의 능력을 요구하는 것처럼 얘기했다.

과연 마케터들 중에 경영의 맥을 짚어내고, 전략적 마인드로 무장한 채 상품개발의 아이디어를 제시하고, 효율이 좋은 프로모션을 설계하고, CRM의 데이터에 대한 기술적 분석 역량을 가진 사람이 있을까?

여기에 디자인 감각과 창의적 두뇌, 다양한 문화적인 소양으로 문화마케팅도 할 줄 알면서 다양한 제휴마케팅을 통해 시너지를 창출하는 마케터는 또 어떤가? 새로운 고객과의 소통 채널인 SNS도 능숙히 사용할 줄 아는 트렌디한 사람이면서 이를 전략적으로 활용해 브랜드의 가치를 최대로 높일 수 있는 사람이 있을까? 동시에 경영자적인 마인드로 기업 내 경영관리 부서와의 원활한 소통이 가능하고, 논리를 통해 재무적인 협조를 수월하게 이끌어 낼 수 있는 인화의 마케터가 존재할까? 뿐만 아니라 합리적인 성과관리 메커니즘의 리더십과 회계적인 스킬을 통해 마케팅 효과의 ROI를 기업 내에 입증시켜 마케팅의 위상을 끌어 올릴 수 있는 마케터가 있을까? 이 모든 조건을 만족시키는 슈퍼 히어로 마케터가 현실 속에 있을 수 있을까?

하지만 마케터를 꿈꾸는 사람이라면 이 책에서 언급된 마케팅의 기본을 알고 있어야 하고 더 많은 관련 지식을 쌓기 위해 노력하고 공부해야 한다. 최소한 마케팅부서의 팀장이나 간부 정도라면 20가지 영역에 완벽한 전문가일 수는 없더라도 각 분야와 관련해서 한 시간은 혼자 말할 수 있어야 한다. 왜냐하면 마케팅의 최근 방향은 모든 요소들이 복합되고 융합된 방향으로 가고 있고 기업에서도 종합적인 프로젝트 역량을 요구하고 있기 때문이다.

더 나아가 최소한 5가지 영역에 있어서는 하루가량의 워크숍을 리드할 수 있을 정도의 전문성을 가져야 한다. 그래야만 마케팅 조직 내에서도 어느 정도 인정을 받을 수 있고 기업을 리드할만한 마케터의 위상을 얻을 수 있다. 현재의 조직과 기업 내에서도 인정받지 못하고 그 위상을 존중받지 못하는 마케터가 내년에 더 높은 연봉을 기대하거나 헤드헌팅 회사나 타 회사의 러브콜을 받고 연봉을 두 세 배로 올려서 회사를 옮길 수 있겠는가?

두어번 반짝였다고 별이 됐다고 착각하지 마라

기업 내에서 가장 이직이 많고 외부에 노출되기 쉬운 조직이 마케팅이다. 어느 기업이건 새로운 비즈니스 모델을 수립하거나 새로운 혁신적인 상품을 개발할 때는 기존 사업에 익숙해진 기존 조직을 활용하기보다 외부에서 새로운 브레인을 수혈해서 새로운 뭔가를 원할 때가 많다. 이럴 때 헤드헌팅을 통해 그 바닥에서 제법 이름이 알려진 마케터를 찾기도 한다. 또 규모가 있는 기업의 대규모 마케팅 프로젝트는 그 과정과 결과가 언론 및 세간에 주목을 받게 마련이어서 그 프로젝트를 수행한 마케팅 조직의 리더나 핵심인력들도 주목받게 돼 있다.

이런 이유와 배경 때문에 전통적으로 마케팅이 강한 기업인 P&G나 존슨&존슨, 유니레버, IBM 등과 같은 외국계 기업의 마케팅 리더들은 헤드헌터의 표적이 되고, 다수의 이직 오퍼를 받게 된다.

그러나 회사의 간판이 중요한 게 아니다. 앞으로 마케팅의 진정한 리더가 되기 위해서는 다방면에 걸쳐 진정한 전문성과 다양한 실전 경험을 갖고 있어야만 자신의 몸값을 제대로 평가받고 올릴 수 있다.

마케팅 감각은 어느 정도 있고 머리회전도 빠르지만 기본기가 약한 마케터가 좋은 오퍼를 받고 이직하지만 곧바로 실력과 역량이 바닥나서 다시 옮기는 경우가 있다. 도서관의 메뚜기처럼 여기저기 옮기다보면 이력서는 화려해지지만 어느 기업에도 정착 못하고 유랑만 하게 된다. 유랑 끝에 점점 회사의 수준은 낮아지고 커리어도 망가져서 후회하는 마케터를 이 바닥에선 쉽게 볼 수 있다. 특히 젊고 유능한 마케터가 재미있고, 톡톡 튀는 마케팅 프로젝트 몇 건으로 주목받고, 그 경험을 밑천 삼아 성급하게 몸값 올리고 조급히 성공의 길을 추구하다 몰락하는 것을 지켜보는 것은 선배 마케터로서 안타까운 일이 아닐 수 없다.[1]

1) 프로 스포츠에도 이런 저니맨이 있다. 저니맨은 끝없이 팀을 옮기는 선수다. 그리고 옮기는 과정에서 천천히 커리어가 망가지는 경우가 많다. 대표적인 선수가 니콜라스 아넬카다. 니콜라스 아넬카는 프랑스 프로축구 명문인 파리 생제르맹에 열여섯에 입단(1995)했다. 이후 프랑스 선수를 좋아하는 EPL의 뱅거 감독 눈에 들어서 아스널(1997)로 이적한다. 이후 갈락티고(은하계)정책으로 세계의 스타 선수를 수집하던 레알 마드리드(1999)에 수집 당한다. 거기서 일 년만 뛰고 다시 고향 팀 파리로 갔다가 역시 EPL 명문인 리버풀(2002)로 옮긴다.
이후 두바이 오일머니를 앞세워 스타를 수집하던 맨체스터 시티(2002)로 옮긴 아넬카는 다시 영국을 떠나 터키의 페네르바체(2004)로 간다. 여기서 다시 영국의 볼턴 원더러스(2006)로 돌아오고, 잠시 후 이웃 팀인 첼시(2008)로 옮긴다. 이후 잠시 종적이 묘연했던 아넬카는 현재 중국의 상하이 선화(2012)에서 뛰고 있다. 창의적이고 천재적인 스트라이커로 주목받던 한 선수가 어느 팀의 영웅도 되지 못한 채 아시아 축구에서 삼류 취급받는 중국 프로리그에서 뛰고 있다. 그 스 스로가 중국 프로축구는 프로도 아니라고 했다. 심지어 2012년에는 시즌 중에 짤린 감독을 대신해 플레잉 코치까지 했을 정도다. 슬픈 천재의 몰락이다.

테스코의 전설, 테리 리히

영국 최대의 유통기업인 테스코의 전설적인 CEO였던 테리 리히(Terry Leahy)는 그야말로 뼛속까지 마케터라고 할 수 있는 가장 성공한 마케터 출신 CEO이다. 그는 고등학생 때인 17세때, 아르바이트로 테스코 슈퍼마켓과 인연을 맺었다. 그 후 28세에 테스코의 마케팅 부서에 입사한 그는 그야말로 유래가 없는 초고속 승진으로 40세에 테스코의 CEO 자리에 오르게 된다.

그는 승진을 거듭하던 12년 동안 마케팅 부서에 있으면서 당시에는 존재감이 없던 조그만 슈퍼마켓 체인이었던 테스코의 비약적인 발전의 초석을 닦았다. 그는 시장분석과 고객 분석에 뛰어난 역량을 가지고 있어서 테스코 성장의 두 가지 엔진이었던 많은 M&A와 고객 클럽카드의 런칭을 주도했다. 사실 테리 리히가 마케팅 실무자로 있던 시기의 테스코는 영국 내에서 3위에도 들지 못하던 기업이었으나 크고 작은 지역 슈퍼마켓 체인들을 인수하면서 성장했다. 그 배경에는 테리 리히만의 마케팅적인 감각과 과감성이 있었다. 그는 도심 내외와 지방 등 서로 다른 시장상황에 맞는 다양한 점포 포맷과 상품 전개 등을 위한 마케팅의 방향 설정이 중요하던 시점에 마케터의 관점으로 매물로 나온 여러 슈퍼마켓 체인들의 시장성과 경쟁력을 냉철히 평가해 효율적으로 인수 전략을 제시했다. 그 후 이들 인수한 슈퍼마켓 매장을 다양한 점포 포맷으로 설계해 리뉴얼함으로써 테스코 성장의 불을 붙였다.

그 후 1위 기업이자 최대의 경쟁자였던 Sainsbarry를 완전히 제압하게 된 결정적 터닝 포인트가 된 테스코 고객클럽카드를 1995년에 런칭시켰다. 고객클럽카드를 통해 고객의 구매데이타를 세밀하게 분석하게 된 테스코는 다른 슈퍼마켓 체인과는 차원이 다른 차별화된 상품과 다양한 PB 상품을 적극 개발해 고객만족은 물론 상품수익성까지도 배가시키는 전략적 성공을 거두었다. 또한 고객 충성도 제고에도 크게 기여해 그 당시 클럽카드를 통한 CRM 활동과 멤버십의 혜택이 생소했던 고객들에게 큰 반응을 불러 일으켰다.

결국 이러한 마케팅 전략의 승리는 테스코의 승리로 이어졌고, 그 결과 테스코는 1997년에 40세에 불과한 테리 리히를 망설임 없이 최고 경영자로 임명하였다. 물론 40세 밖에 안된 사람을 CEO로 임명할 땐 안팎으로 우려가 있었을 것이다. 경험이 많지 않은 젊은 CEO를 고루한 이사진이 어떻게 생각하고 반대 했을지 충분히 상상이 간다. 하지만 테스코가 혁신을 통한 비약적 발전을 위해 고객 분석과 마케팅의 귀재였던 테리 리히를 선택하지 않고, 현상 유지를 위한 안정적인 경영을 위해 안팎으로 무난한 나이 많은 CEO를 임명하거나 기존의 경영진을 유지했다면 오늘의 테스코는 없었을 것이다.

CEO에 오른 그는 테스코를 영국 유통업계에서 가장 덩치가 크고 이윤이 많이 나는 기업으로 성장시켰다. 그는 인터넷 사업과 해외사업들에 집중 투자했다. 또 기존의 슈퍼마켓의 중심이었던 식품 부문뿐 아니라 비식품 분야의 상품도 집중적으로 발굴했으며, 영국 안팎의 소매업체들을 인수하는 데도 적극적이었다. 또한 금융과 통신 등 전통적인 유통영역을 벗어난 고객의 라이프솔루션 완성을 위한 다양한 무형상품에도 과감하게 투자해, 테스코 수익의 절반가량을 이런 무형상품에서 올리게 되는 엄청난 결과를 만들어냈다. 이런 금융 및 통신 사업 성공의 배경에는 그가 마케터 시절에 이미 만든 고객 클럽카드의 탄탄한 기반이 있었다.

그의 경영능력에 힘입어 테스코는 영국의 경영관련 전문지인 〈매니지먼트〉가 선정하는 '영국에서 가장 존경받는 기업'에 1997년부터 3년 연속 오르기도 했으며 개인적으로 2002년 영국 여왕으로부터 작위를 받기까지 했다.

2010년 6월, 아직도 더 현역으로 뛸 수 있는 54세의 나이에 CEO에서 은퇴하는 결단을 내렸을 때 테스코의 주가 총액 중 1조 3,600억 원이 날아가는 것으로 시장은 그를 평가했다.[2] 아마도 다른 CEO 같았으면 더 오래 하고 싶은 욕심을 부렸겠지만 고객과 시장을 아는 진정한 마케터였기에 흔쾌히 기업의 향후의 더 큰 도약과 발전을 위해 결단을 내렸으리라 짐작해 본다. 그러나 그는 비록 현역을 떠났지만 고객을 깊게 연구하고 시장을 정확히 알고, 다양한 마케터의 덕목과 역량으로 인해 마케터라면 존경해야 할 마케터의 전설로 인정 받고 있다.

---

2) 2010년 6월 8일, 테리 리히가 2011년 3월에 은퇴하겠다고 밝혔을 때–은퇴한 것도 아니고 의사를 밝힌 것이다–테스코의 주가는 정확히 1.7% 떨어졌다. 이 하락 폭은 이날 영국 FTSE 100 지수에서 가장 큰 폭으로 하락한 주가였다.

삼성의 21세기 항해사, 최지성

　국내 기업도 IMF와 금융위기를 거치면서 지속적인 성장 방법으로 기존 사업의 효율성 제고와 선진 업체의 벤치마킹만으로는 한계가 있음을 절감했다.

　이런 문제 인식을 바탕으로 블루오션을 창조하기 위한 마케팅의 중요성이 대두됐고, 2000년대 후반부터, IMF 이후 주로 재무 출신들이 맡아오던 기업의 CEO 자리를 고객과 시장을 이해하는 마케팅이나 영업부서 출신들이 차지하기 시작했다.

　2011년 한 신문사의 조사에 의하면 국내 100대 기업의 CEO 중 35%는 영업 및 마케터출신, 23%는 엔지니어 출신, 22%가 재무나 관리 출신이었다.

아직도 영업과 마케팅을 나누지 않는 현실이 안타깝기는 하지만 IMF 이후 재무나 관리 출신 일색이었던 상황에 비하면 마케팅에 대한 중요성 인식이 상당히 발전된 것은 확실하다. 이러한 변화를 말해주는 가장 대표적인 인물이 바로 삼성그룹의 미래전략실장인 최지성 부회장이다. 삼성그룹의 미래전략실은 과거에는 구조조정본부라고 불리던, 그야말로 삼성그룹의 최고 브레인들의 결정체다. 이들은 삼성 그룹의 방향을 설정하고 미래를 그릴뿐만 아니라 이들의 미래 판단이 우리나라 경제에도 막대한 영향을 미친다.

그 동안은 전통적으로 재무와 관리 출신들이 포진해왔고, 실장급도 IMF 이후부터 주로 재무출신이 자리 잡아서 삼성의 미래를 재무관점에서 이끌어 왔다. 그래서 삼성을 관리의 삼성이라고 불렀었다. 하지만 최근 들어 삼성그룹은 그동안 줄기차게 이건희 회장이 주장해온 미래의 먹거리 준비를 위한 창조경영 리더로 삼성전자의 해외영업과 마케팅에서 잔뼈가 굵은 최지성 부회장을 지목했다.

최지성 부회장은 삼성전자의 요직을 두루 거쳤지만 특히, 소니의 굳건한 아성아래 늘 주눅이 들었던 TV 부분에서 소니를 완전히 제압하고 세계 1등을 달성케 한 장본인이다. 또한 휴대폰 부문에서도 애플 제국에 유일하게 맞장 뜨고 있는 삼성의 위상을 만든 것도 그였다. 이론을 뛰어넘는 진정한 마케터의 촉을 가진 그는 명확한 고객의 니즈와 정확히 시장의 변화를 읽고 과감히 혁신하여 삼성전자를 변화시켜 지금의 위상을 만들었다.

모든 TV 경쟁업체들이 주저할때 시장의 흐름을 파악하고 과감하게 LCD와 LED로의 변화, 스마트폰의 시대가 오는 것을 미리 감지하고 Android 체계의 수용, 애플보다는 늦게 출발했지만 짧은 시간 내 Galaxy라는 걸출한 작품을 만들어 시장의 라이벌로 올라서게 한 것도 그의 작품이다. 삼성전자의 제품에 부족했던 디자인 감각을 불어넣고 마케팅 캠페인이나 광고에 있어서도 소니나 애플보다도 더욱 혁신적인 크리에이티브와 디자인을 가미해 삼성의 브랜드 세계화를 이뤄낸 것도 그의 탁월한 마케터로써의 감각이 없었다면 불가능했을 것이다.

이렇게 풍부한 경험과 앞선 감각으로 무장한 마케터인 그가 이끄는 삼성그룹이 향후 치열한 글로벌 전쟁터에서 고객과 시장, 혁신성과 크리에이티브를 바탕으로 지금의 위치를 단호히 지켜낼 것은 자명해 보인다.

태풍을 두려워하지 않는 나무가 거목이 된다

　영국과 국내의 마케터 출신의 걸출한 CEO 사례는 향후 앞서가는 기업들이 선호하고 함께하고 싶은 리더의 모습이 어떤지를 웅변하고 있다. 마케터는 고객의 마음을 훔치는 사람이라고 표현했었다. 여기서 고객은 물론 시장의 고객과 함께 기업 내부의 고객도 포함된다. 항상 모든 마케팅에는 리스크가 따른다. 왜냐하면 마케팅은 무에서 유를 창조해나가는 과정이기 때문이다. 누군가가 이미 한 것을 따라 하는 것은 마케팅이 아니다. 백 번 양보해도 성공하는 마케팅은 아니다. 차별화가 없기 때문이다. 물론 그대로 따라하는 것에도 나름 리스크가 있다. 하지만 그 리스크의 결실은 결코 크지도 않고 떳떳하지도 않다.

　마케터는 끊임없이 기업 내외부로부터 리스크의 책임을 추궁 받으면서도 어떻게든 새로운 그 무엇인가를 창조해 자신만의 작품을 만들어 내야만하는 피곤한 운명을 타고난 사람이다.

　남들이 한 결과를 가지고 잘했네, 못했네 평가하고 욕 하기는 쉽다. 그러나 비록 회사 내에서 욕을 먹고 비판을 받기도 하지만 자신만의 마케팅 차별화에 대한 열정을 꺾어서는 안 될 것이다. 크고 작은 마케터의 결단과 도전만이 기업을 키우고 성장시키는 원동력이기 때문이다. 앞서가고 성장하는 기업은 이러한 도전하는 마케터와 직원들이 있는 회사고, 정체되고 망해가는 기업은 도전하는 자는 없고 평가하고 비판만 하는 사람들만 있는 회사이다. 이런 기업엔 진정한 마케터라 불릴 사람은 없다. 크고 작은 도전을 통해 자신의 성과를 창출하고 회사에 기여를 하게 되었을 때, 이것이 쌓여서 마케터의 커리어는 풍부해진다. 언젠가는 제2의 테리 리히나 최지성이 될 수 있을 것이다.

당신도 전설이 될 수 있다는 말이다. 이러한 꿈을 가진 근성 있는 마케터들이 우리나라에 많아질수록 전 세계의 총성없는 마케팅 전쟁에서 한국 기업의 승전보는 끝없이 전해질 것이다.